싱가포르

SINGAPORE

싱가포르

SINGAPORE

앤절라 밀리건, 트리시아 부트 지음 | 조유미 옮김

세계의 **풍습과 문화**가
궁금한 이들을 위한
필수 안내서

세계 문화 여행 _ 싱가포르

발행일 2026년 1월 5일 개정판 1쇄 발행
지은이 앤절라 밀리건, 트리시아 부트
옮긴이 조유미
발행인 강학경
발행처 시그마북스
마케팅 정제용
에디터 최윤정, 최연정, 양수진
디자인 정민애, 강경희, 김문배

등록번호 제10-965호
주소 서울특별시 영등포구 양평로 22길 21 선유도코오롱디지털타워 A402호
전자우편 sigmabooks@spress.co.kr
홈페이지 http://www.sigmabooks.co.kr
전화 (02) 2062-5288~9
팩시밀리 (02) 323-4197
ISBN 979-11-6862-441-2 (04900)
          978-89-8445-911-3 (세트)

싱가포르전도

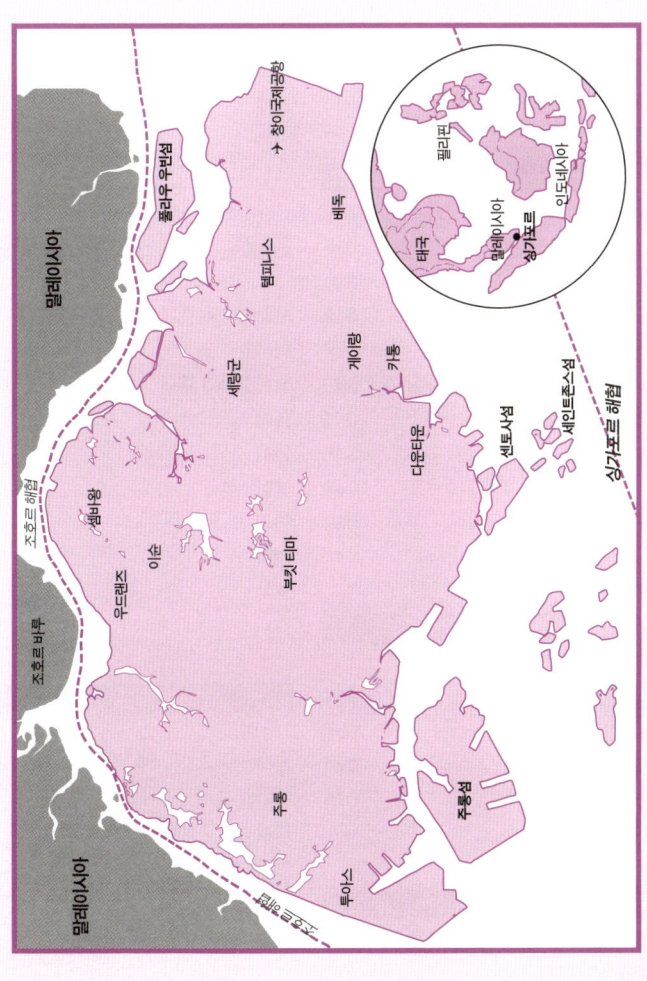

차   례

싱가포르는 동남아시아에 위치한 작은 섬나라이다. 1965년에 독립한 신생국가로, 중국계, 말레이계, 인도계의 뚜렷이 구별되는 배경을 가진 사람들이 조화롭게 살고 있는 이민자의 나라이기도 하다.

이 조화로운 다문화 사회는 결코 우연이 아니다. 정부는 1964년 있었던 인종 소요사태가 다시 재발하지 않도록 의도적으로 이런 다문화의 조화를 설계했다. 주택 프로젝트, 민족 화합의 날(7월 21일), 모든 계층의 무상 의무교육을 통해 사회의식과 국민적 자부심을 널리 퍼트렸다. 싱가포르 사회는 긍정적이고 활기차며 '할 수 있다'라는 자신감이 넘친다. 하지만 싱가포르인들은 종종 타인에게 뒤처지지 않을까 걱정을 하기도 하는데, 이런 성향을 '기회를 놓치다'라는 뜻의 호키엔어에서 유래한 '키아수'라고 표현한다.

1965년 8월 9일, 싱가포르가 새로 형성된 말레이시아 연방에서 축출되었을 때 당시 싱가포르 수상이었던 리콴유는 미지의 상황에 직면했다. 많은 논평가는 최악의 상황을 우려했다. 이 새로 형성된 공화국은 천연자원도 없고 이웃나라와 비교해 크기도 작으며 단지 수심이 깊은 항구와 상업적 기술, 다른 아시아 국가들과의 근접성이 내세울 수 있는 전부였다. 하지만 15년도 채 지나지 않아 싱가포르는 경제대국으로 탈바꿈했고 뛰어난 기술력의 대명사가 되었다. '빨간 작은 점'으로 알려져 있는 싱가포르는 21세기 가장 성공적인 발전사로 회자되며 작은 국토를 뛰어넘어 국제무대에서 영향력 행사하고 있다.

하지만 싱가포르인의 서양식 외형과 외국인 인구에도 불구하고 방문객은 '사자의 도시' 싱가포르가 명백한 아시아 국가라는 점을 금방 느끼게 된다. 싱가포르 탄생과 더불어 생겨난 여러 요구로 인해 그곳에 살고 있는 공동체의 전통문화적 가치관에 많은 변화가 생기기도 했지만, 이들 공동체의 근본 철학은 온전히 유지되고 있다. 싱가포르에서는 누군가를 언급할 때 그가 중국계, 말레이계, 인도계인지를 구분해 이야기하므로 전형적인 싱가포르인에 대해 말하기는 어렵다. 하지만 싱가포르는 대체로 목표지향적이고 능력을 중시하는 사회이다. 또 위계적 관계, 복종, 전통에 대한 존중, 겸손한 태도, 자신과 타인의 체면 유지 등 특정 아시아적 가치관을 공유하고 있는 것

역시 사실이다.

이 책은 싱가포르 사회의 풍요롭고 다양한 문화와 관습을 소개한다. 또 싱가포르인들의 주요 관심사와 이들이 타인 및 외국인과 소통하는 방법을 소개하며, 싱가포르에 대해 알고 있어야 할 사항 외에 낯선 상황에서 어떻게 행동해야 하는지 알려준다. 매력적인 싱가포르 사회를 경험하는 기회가 되기를 바란다.

기본정보

공식명칭	싱가포르 공화국 (Republic of Singapore)	ASEAN 회원국
수도	싱가포르	
면적	734.3km²(2024년 6월 기준/서울의 약 1.2배)	
통화	싱가포르 달러(S$)	
기후	고온다습한 열대성 기후, 11~1월까지 우기	
인구	604만 명(2024년 6월 기준)	
민족구성	중국계 74%, 말레이계 13%, 인도계 9%, 기타 4%	
가족구성	출산율 0.97명(2024년 기준)	고령화 현상이 심하게 나타남
종교	불교 33%, 기독교 18%, 이슬람교 15%, 도교 11%, 힌두교 5%, 기타 18%	
언어	영어, 표준중국어, 말레이어, 타밀어 4개의 공용어 및 기타 언어	
정부	의원내각제, 대통령이 국가원수이고 정부수반은 총리임	대통령은 6년마다 국민투표로 선출되고, 단원제 의회는 5년마다 선거를 통해 구성됨
성인 문해율	남성 98.2%, 여성 97.1%	
경제	1인당 GDP는 9만 674달러(2024년 기준)	경제는 부분수입, 재수출, 금융 서비스에 기반함
언론매체	싱가포르 현지와 전 세계 신문 및 TV 이용 가능	국제신문과 잡지의 내용이 싱가포르 정부나 정책에 비판적인 경우 이용을 제한하기도 함
전압	220~240V, 50Hz	
인터넷 도메인	.sg	
전화	국가번호 65	일반전화로 걸 때(국제전화번호+65+맨 앞 0을 생략한 지역번호+전화번호) 휴대전화로 걸 때(국제전화번호+65+맨 앞 0을 생략한 휴대전화번호)
시간	한국보다 1시간 느림	

01

영토와 국민

싱가포르는 말레이반도 남쪽 끝자락에 위치한 작은 섬나라이다. 여러 민족으로 구성된 이민지의 나라로, 다문화가 조화를 이루며 사는 사회의 전형을 보여주는 좋은 예이기도 하다. 싱가포르의 경관을 이루는 것은 즐비한 마천루일 것이다. 그리고 이런 마천루 사이로 도시를 푸르게 가꾸기 위한 기발한 아이디어와 많은 노력이 계속되고 있다.

싱가포르는 말레이반도 남쪽 끝자락에 위치한 작은 섬나라이다. 인도네시아 군도의 가장 큰 섬 가운데 하나인 수마트라섬과 믈라카 해협을 사이에 두고 있는 싱가포르는 조호르 해협을 경계로 말레이시아와 분리되어 있다. 동서로 약 52km, 남북으로 약 27km에 이르는 싱가포르는 63개의 섬으로 구성되어 있으며 인구는 약 604만 명이다.

동남쪽 해안에 위치한 싱가포르 도심에는 식민지시대의 건축물이 초현대적 건물, 그리고 높이 솟은 마천루와 조화를 이루고 있다. 몇몇 빌딩은 싱가포르에서 가장 높은 언덕인 부킷 티마보다 더 높이 솟아 있다. 이런 빌딩에는 스마트 오피스와

5성급 호텔, 화려한 상점이 들어서 있다.

싱가포르 도심의 경관을 이루는 요소는 즐비한 마천루이지만 도시를 푸르게 가꾸기 위한 기발한 아이디어와 많은 노력도 계속되고 있다. 공항에서 도시로 진입하는 길에는 야자나무와 자카란다 외에도 화려한 부겐빌레아와 프랜지파니가 줄지어 늘어서 있고, 도시 외곽의 간척지에는 101만m^2 규모의 싱가포르 최대 식물정원인 가든스 바이 더 베이가 있다.

기후

싱가포르는 고온다습한 열대성 기후를 띤다. 적도를 기준으로 정확히 북위 5°에 위치해 1년 내내 덥고 습하거나 혹은 '매우' 덥고 습한 날씨가 이어진다. 11월에서 1월까지 지속되는 우기에는 폭우와 함께 종종 홍수가 발생하며 기온이 30℃에서 23℃로 낮아진다. 가장 덥고 습한 기간은 3월에서 7월 사이이고 연중 내내, 보통은 오후에 천둥번개를 동반한 세찬 폭우가 쏟아진다. 많은 관광객이 이런 무더운 날씨에 대한 주의를 듣고 싱가포르에 갔다가 감기에 걸리기도 한다. 왜냐하면 호텔과 고급 식당에는 강력한 냉방시설이 갖추어져 있어 바깥 기온과 큰 차이가 나기 때문이다.

동식물

싱가포르의 국화는 자주색과 하얀색이 어우러진 난초이다. '반다 미스 조아킴'이라는 이 자연 교배종은 같은 이름의 아그네스 조아킴 여사의 정원에서 처음 발견되어 이후 보타닉 가든에 증정되었다. 국가적 상징물인 이 난초는 관광객의 장신구

와 정치인의 티셔츠는 물론, 공항 판매대의 잘 포장된 패키지에 이르기까지 어디서나 찾아볼 수 있다.

원예학에 관심이 있는 사람이라면 내셔널 오키드 가든을 방문해보는 것도 좋다. 싱가포르 보타닉 가든 안에 있는 이 오키드 가든에서는 1,000여 종의 난초와 2,000여 종의 교배종을 만날 수 있다. 오차드 로드 인근에 완만한 경사를 이루고 있는 $30km^2$ 규모의 보타닉 가든은 싱가포르에서 가장 오래된 국립공원으로, 싱가포르 최초로 유네스코 세계문화유산 보호지역으로 지정되었다. 또 이곳은 1859년 설립된 후 고무산업의 본고장으로 유명해졌다.

2012년에는 정원예술의 상징물로 가든스 바이 더 베이가 새롭게 개장했다. 100만 종이 넘는 식물과 유명한 슈퍼트리가 밤에는 페라나칸* 풍의 다채로운 빛으로 빛나고 슈퍼트리 주변으로는 공중 산책로인 스카이웨이가 이어져 있다. 또 헤리티지 가든과 협곡, 거대한 유리 돔도 찾아볼 수 있으며, 이 돔 가운데 하나인 클라우드 포레스트에는 세계에서 가장 높은 실내 폭포가 있다.

싱가포르에서 가장 높은 언덕인 부킷 티마는 최대 우림 지

---

* 중국과 말레이 혼합 문화와 인종을 일컫는다. ─옮긴이

역으로 꼽힌다. 많은 방문객이 마카크원숭이를 보며 정상까지 거니는데, 가벼운 하이킹을 하려면 하루 중 가장 더운 때를 피해 이른 아침이나 선선한 저녁에 하는 편이 좋다.

이와 마찬가지로 북쪽 해안에 위치한 순게이 불로 습지 보호지구를 방문할 때도 이른 아침에 출발하는 것이 좋다. 2,020km^{2}가 넘는 광활한 자연보호구역인 이곳에는 숲, 연못, 갯벌, 맹그로브 습지로 이어지는 하이킹 코스가 있으며 말뚝 망둥어, 물뱀, 왕도마뱀, 수달 등의 토착종도 만나볼 수 있다. 철새의 이동시기인 9월부터 3월까지는 야생조류를 관찰하기 좋은 탐조대에서 도요새와 섭금류 무리를 지켜볼 수 있다.

마지막으로 싱가포르의 중심에는 맥리치 저수지가 있다. 1867년, 자선사업가인 탄킴셍이 만든 이 맥리치 저수지는 자연보호구역 안에 위치한 저수지 네 곳 중 하나로, 조깅하는 사람과 수상 스포츠 애호가에게 인기 있는 장소이다. 또 열대우림을 관통하는 11km 거리의 산책로를 따라가다 보면 꼬리가 긴 마카크원숭이와 왕도마뱀을 만날 확률이 높고 운이 좋으면 박쥐원숭이나 날다람쥐원숭이도 마주칠 수 있다. 맥리치 저수지의 가장 높은 두 지점에 걸려 있는 현수교인 트리탑 워크도 빼놓을 수 없는 명물이다.

민족구성

싱가포르는 이민자의 나라이다. 사실 19세기까지 싱가포르는 해안가의 작은 공동체를 제외하고는 사람이 살지 않는 곳이었다. 이후 영국이 이곳을 전략적 해군기지와 상업적 발판을 마련할 거점으로 바꾸면서 대규모의 이민자, 특히 중국에서 많은 사람이 이주해왔다. 다양한 인종의 용광로라기보다 오히려 샐러드 볼에 더 가까운 싱가포르는 다문화가 조화를 이루며 사는 사회의 전형을 보여준다. 전체 인구에서 중국인이 가장 높은 비율을 차지하지만, 인구의 13%를 차지하는 말레이인과 9%를 차지하는 인도인이 수치상으로 나타나는 것보다 싱가포르 사회에 더 많이 기여하고 있다. 싱가포르의 공용어는 영어, 표준중국어, 말레이어, 타밀어 총 4개이다.

[중국인 이민자]

19세기, 중국의 청나라가 쇠퇴할 무렵 많은 중국인이 가혹하고 억압받는 삶을 살고 있었으며 빈곤이 만연해 해안 지방 사람들은 중국을 떠나지 않을 수 없었다. 1821년, 싱가포르로 향하는 첫 번째 정크선이 중국의 샤먼(아모이)에서 출항했고

1827년 무렵에는 중국인이 현지의 말레이 인구보다 훨씬 크게 증가했다. 영국인은 중국인을 강인하고 근면하다고 여겨 중국인의 이민을 장려했다. 많은 중국인이 문맹이었고 무일푼이었지만 일단 이민에 성공하고 나면 번창했다. 일부는 말레이반도의 주석 광산과 싱가포르 부두에서 일하기 위해 계약 노동자로 이주해왔고 이후 이들은 막노동자, 농부, 상인으로 자리 잡았다.

대공황시기에 시행된 월간 이민자 수 제한 조치에도 그 수는 늘어만 갔다. 정부는 급격한 이민 증가와 실업을 막고, 대다수의 이민자가 젊은 남성이던 19세기 초반 사회문제로 불거진 매춘을 통제하고자 했다. 하지만 여성 100명당 남성이 약 240명에 달하던 20세기 초까지 이런 문제는 지속되었다.

오늘날 중국계 싱가포르인은 홍콩과 상하이 사이에 위치한 중국의 남부 해안 지방으로 가계를 따라가 볼 수 있다. 푸저우에서 남중국해로 흐르는 민장강, 샤먼의 주룽강, 산터우 인근의 한장강, 광둥 남쪽과 홍콩 맞은편에 위치한 주장강, 이 4개 강의 삼각주에서 이들의 혈통이 시작되었다.

이들은 모두 중국인이고 같은 문자와 언어를 공유하지만 실제로는 서로 다른 민족 출신이며 고유의 방언을 쓰고 고유의 지역 문화가 있다. 푸저우 출신은 민둥어를 쓰고, 샤먼 출신은 민난어를, 산터우 출신은 푸젠 방언을, 주장강 삼각주와 광저우 출신은 스스로를 광둥사람이라 칭하며 광둥어를 쓴다. 이런 차이로 인해 이주 초기 싱가포르에서는 파벌주의와 씨족 갈등이 발생했다. 즉, 중국 광둥성, 푸젠성, 장시성에서 하카어를 쓰는 하카족*이 이주해왔고, 중국 최남단의 하이난섬에서 하이난족이 이주해왔다. 현재 싱가포르의 기성세대는 자신들의 고유 방언을 쓰지만 젊은 중국계 싱가포르인은 표준중국어를 쓴다.

【 해협 중국인 혹은 페라나칸 】

15세기, 믈라카와 페낭에서 옛 중국 가계의 후손인 한 무리의 중국인이 싱가포르에 도착한다. 그리고 이들 중 남성과 현지의 말레이 여성 사이에서 태어난 후손을 해협 중국인 혹은 페라나칸이라고 한다. 해협 중국인 여성은 말레이 스타일의 옷을 입었으며 '논야'(남성은 '바바'라고 부름)라고 불렸다. 이들은 향긋한 뿌리채소와 허브, 칠리 외에도 코코넛 밀크 같은 전형적인 말레이 재료를 사용해 요리했고 말레이 이슬람교도에게는 당연

---

* 중국 광둥성 북부, 푸젠성 서남부, 장시성 남부에 사는 민족이다.—옮긴이

히 금기시되는 돼지고기를 전통 말레이 재료와 함께 사용했다.

교육을 받고 경제력을 갖춘 해협 중국인은 곧 스스로를 영국 식민통치의 매우 중요한 일부로 여겼다. 의사, 변호사, 교사가 되기도 했고, 특히 목재와 고무무역 사업에 크게 성공한 사람도 있었다. 바바 공동체라고 불리던 남성들은 영국인보다 더 영국인같이 행동하며 종종 사람들로부터 조롱을 받았다. 이들은 중국어가 아닌 영어로 신문을 발행했고 당구를 치고 브랜디를 마시는 등 식민지를 지배하는 영국인의 방식을 그대로 따라 했다.

이들은 새로운 중국인 이민자와 사회적으로 교류하지는 않았지만 중국 본토에서 일어나는 일, 특히 중국 황실의 낡은 통치체제를 개혁하는 일에 대해서는 정통했다. 향후 중화민국의 임시 초대 대통령이 될 쑨원이 싱가포르에 은신처를 찾을 당시, 해협 중국인 테오응혹이 자신의 대저택을 제공한 것은 결코 놀라운 일이 아니었다. 1964년, 싱가포르 정부는 쑨원과 그의 민족주의 혁명운동을 기념하기 위해 과거 쑨원이 체류했던 빌라를 복원했다. 이 빌라는 오전 10시부터 오후 5시까지 개장하며 각종 유물과 사진을 감상할 수 있다. 싱가포르의 수상이었던 리콴유가 (공공연히 밝히지는 않았지만) 하카족과 페라나칸

혈통이었다는 것은 놀라운 사실이 아니다. 2015년, 싱가포르 형성에 공헌한 50명의 영향력 있는 페라나칸을 기념하기 위한 전시회가 열렸는데, 이들 가운데는 자선사업가인 탄톡셍과 싱가포르 여성협회 창립의장인 추아셍킴이 포함되었다.

【 말레이 공동체 】

싱가포르의 토착 말레이인은 더 나은 삶을 찾아 떠나온 수천 명의 중국인 이민자로 인해 수적으로 금방 열세해졌다. 하지만 싱가포르에 오랫동안 살며 영향력을 미쳤던 말레이 공동체의 힘은 말레이어가 싱가포르의 공용어가 된 사례에서 확인할 수 있다. 싱가포르 헌법은 싱가포르 토착민으로서의 말레이인의 특별한 지위를 인정하고 있다. 2017년에는 싱가포르 헌정 사상 최초의 여성 대통령이자 말레이계인 할리마 야콥이 대통령으로 당선되었다.

상냥하고 공손한 말레이인의 핵심 가치관은 관대와 포용이며 이들은 강한 공동체의식을 바탕으로 자립적으로 생활한다. 또 말레이인은 자신의 이익을 위해 부를 추구하는 것보다 삶의 영적인 측면에 더 큰 중요성이 있다고 믿는다. 이런 가치는 가족뿐 아니라 이웃에 대한 관심에서도 잘 나타난다.

또한 이들은 관광객이 싱가포르와 싱가포르의 독특한 문화를 즐기기를 바란다. 하지만 관광객이 알아야 할 몇 가지 '해도 되는 일'과 '해서는 안 되는 일'이 있는데, 이것만 알아두면 싱가포르인의 기분을 상하게 하거나 당황스럽게 할 일은 없을 것이다(110~113쪽, 185~190쪽 참조).

【 인도 공동체 】

전체 인구의 약 9% 밖에 되지 않는 인도계 싱가포르인은 종교적, 언어적, 경제적으로 여러 다양성을 나타내지만 이들의 60%는 타밀계[*] 후손이다. 뛰어난 사업적 수완으로 유명하며 교육, 정치, 외교, 법률 분야에서도 두드러진 활약을 보이고 있다.

인도 공동체의 다양한 요리와 다채로운 물건을 감상하려면 무스타파센터와 테카센터 등 세랑군 로드에 있는 리틀 인디아

---

[*] 타밀족은 인도 동남부와 스리랑카 동북부 등지에 사는 드라비다족의 한 분파이다. – 옮긴이

를 방문해볼 만하다. 많은 인도계 싱가포르인이 쇼핑을 하는 이곳에서는 특히 사리*와 도티**, 빈랑나무 열매, 묵직한 황동 스탠드, 결혼식용 화환, 뱅글 팔찌 등을 팔고 인도인 가정에서 사용하는 필수품도 구입할 수 있다.

인도인 상점의 주인은 흥정을 하려는 손님을 환영한다. 당신이 그날의 첫 번째 손님이라면 오일ₒᵢₗ을 제외한, 특히 꽃이나 설탕, 사탕 등을 구입하는 경우 아무리 작은 물건이라도 첫 판매를 좋은 징조로 여기기 때문에 할인을 해줄 수도 있다. 오일을 판매하는 것은 그날 장사에 불길한 징조로 여겨진다.

【 외국인과 이민자 공동체 】

싱가포르에서 이민은 아직 끝나지 않았으며 이민은 싱가포르 경제 성장에 필수적이다. 상업, 의료, 교육 등 모든 영역에서 싱가포르인이 아닌 사람이 종사하고 있으며 2017년에는 140만 명의 외국인이 싱가포르에서 일자리를 얻었고 이들 중 약 80만 명은 가사 노동자였다.

2013년 '인구백서Population White Paper'에서는 2030년이 되면 싱

---

* 인도인 여성이 입는 전통 의상이다. – 옮긴이
** 인도인 남성이 입는 전통 하의이다. – 옮긴이

가포르 인구가 약 650만 명에 이르고 이 중 420만 명이 거주자이며 230만 명이 비거주자일 것으로 추산했다. 또 외국인 노동자 수를 늘릴 것을 요구하며 숙련 노동자와 비숙련 노동자, 가사 서비스 부문의 노동자 간에 균형이 이루어져야 한다고 했다. 이 백서가 통과되기는 했지만 이민이 사회시설과 사회적 결속에 미치는 압력에 대한 우려 역시 제기되었다. 4,000명의 사람들이 홍림 공원의 '연사들의 코너'에서 시위했고, 그 결과 정부에서는 더욱 신중한 태도로 이 문제를 다루고 있다.

싱가포르에서 태어나거나 부모가 싱가포르인인 경우 싱가포르 시민이 될 수 있다. 또 최소 2년 동안 영주권을 소지한 21세 이상 성인이나 싱가포르 시민과 결혼 후 2년 이상 생활한 사람이면 시민권 신청자격이 된다. 2017년 싱가포르의 영주권자는 52만 명이었다.

역사

싱가포르는 최근에서야 민족국가를 형성했지만 수많은 항로의 교차점에 자리한 전략적 위치로 인해 긴 역사를 가지고 있다.

【초기 역사】

싱가포르는 서기 203년 루타이 장군의 글에 처음 등장한다. 루타이 장군은 중국 황제가 당시 싱가포르로 알려졌던 푸줘 창섬으로 탐험대를 보낸 일화를 소개한다. 마르코 폴로 역시 치아마씨의 웅장한 도시에 대해 쓰며 싱가포르를 언급한 바 있다. 14세기까지 싱가포르는 '테마섹'이라는 이름으로 통했고, 말레이 전설에 따르면 수마트라섬의 왕자가 싱가포르섬에서 사자를 목격하고 도시를 세운 후에 '싱가푸라(산스크리트어로 '사자의 도시'라는 뜻)'라는 이름을 얻게 되었다고 한다.

계절풍을 타고 아라비아, 인도, 말레이반도에서 동아시아와 동남아시아를 오가며 상품을 가져오는 상인들에게 싱가포르는 인기 있는 항구였고 인도와 샴의 여러 왕국이 싱가포르에 영향력을 행사했다. 이 왕국들의 내전에서 영향력이 없었던 싱가포르는 1613년 포르투갈 침략자에 의해 불에 탔고, 이후 상인들은 더 요새화되고 안전한 믈라카 항구로 이동하면서 쇠퇴하게 되었다. 명목상 말레이반도 남쪽 조호르 술탄국의 지배 아래 바다 사람으로 알려진 소수의 사람만이 남아 낚시와 해적 행위로 생활을 이어갔다.

싱가포르를 상징하는 가상동물 머라이언은 물고기 몸에

사자 머리를 하고 있으며 어촌에서 유래한 싱가포르의 기원을 상징하는 동시에 사자를 목격했던 전설을 기념하고 있다. 머라이언 공원에 가면 머라이언상을 볼 수 있다.

【 식민사업 】

18세기, 영국과 네덜란드는 동서무역에서 상업적 경쟁을 벌였으며 영국과 프랑스는 군사적 적대관계 속에서 자신들의 왕국을 확장하려 했다. 1815년 무렵 프랑스는 유럽에서 패한 후 아시아에 관심을 나타내는 영국과 네덜란드에 더 이상 위협이 되지 못했고, 영국과 네덜란드는 아시아 지역 현지 통치자와의 조약을 통해 독점적 무역거점을 확보하는 일에 착수했다.

강력한 동인도회사가 이 지역에서 영국을 대표했고 상업적 영향력은 군사력으로 뒷받침되고 있었다. 그리고 동인도회사는 세력기반인 벵골과 광둥 사이에 중간거점을 마련하고자 했는데, 광둥은 영국의 새로운 부의 원천인 차※의 생산지이자 독점권을 가진 인도산 아편의 도착지였다. 또 동인도회사의 토마스 스탬포드 래플스는 오랫동안 이 지역에 교역소를 세우고 싶어 했다. 그는 '우리의 목표는 영토가 아니라 교역이다'라고 언급하며 '차후 상황에 따라 정치적으로 영향력을 확대할 수 있는 상업적 중심지와 주축이 목표가 될 것이다'라고 했다. 이후 그는 싱가포르섬에 교역소를 설립하고 자유항으로 선포할 권리를 영국에 주는 조약을 조호르 술탄국의 후세인왕과 협상했고, 1819년 2월 6일 영국의 국기가 공식적으로 게양되었다. 선박을 수리하고 음식과 물을 보충할 피난처를 찾는 사람들이 치안과 안전이 보장되는 이곳으로 금세 모여들었고 성공은 보장된 것이었다.

토마스 스탬포드 래플스는 영국이라는 상업제국이 낳은 자유분방하고 모험심이 강한 특별한 영혼의 소유자였다. 오늘날 아무리 다른 시각으로 평가한다 해도 대영제국이 미천한 집안에서 태어난 영국인 남성에게 능력을 펼칠 기회를 주었다는 점은 분명하다. 영국인은 인간적인 태도와 실용적인 방식으로 식민지를 효율적이고 공정하게 관리했다.

【 토마스 스탬포드 래플스 】

토마스 스탬포드 래플스는 대서양 한가운데의 노예선에서 태어났다. (그의 아버지는 선장이었다.) 14세 무렵 그의 아버지가 더 이상 수업료를 낼 수 없게 되자 학교를 그만두어야 했지만 다행히도 1805년 동인도회사에서 사무직 자리를 얻을 수 있었다. 그로부터 10년 후 그는 영국 정부의 차관보직을 맡기 위해 말레이반도의 페낭으로 향했다. 래플스는 야망이 있었고 항해를 하는 틈틈이 말레이반도에 대해 알아갔다. 곧 현지어도 유창하게 구사했으며 1811년에는 자바섬의 총독으로 임명되었다. 한동안은 영국에서 다시 생활하며 두 번째 결혼을 했고(첫 번째 부인 올리비아는 1814년에 사망함), 이후 수마트라섬의 총독으로 임명되었다. 1818년에는 믈라카 남단의 교역소 설치를 위해 원정대를 파견하는 일에 동의를 얻고자 인도의 총독인 로드 해스팅스를 설득했다.

래플스의 이름은 싱가포르와 관련해 계속해서 언급되지만 그가 싱가포르에서 보낸 시간은 놀라울 정도로 짧다. 하지만 자신이 수행하는 프로젝트에 깊은 관심을 가졌고 싱가포르를 방문하고 나면 항상 도시 계획과 개발에 대한 명확한  지시를 내렸다. 거리를 격자형태로 배열하고 집에는 열대성 기후의 효과를 완화할 수 있도록 베란다와 통로에 덮개를 설치하는 지정된 양식을 따르도록 했다. 1822년에는 래플스 타운 플랜을 시행하며 유럽인, 중국인, 말레이인, 인도인의 서로 다른 네 가지 인종 그룹으로 지역을 구분했다. 그는 현지인의 복지에 관심을 기울였고 약자를 배려하는 지혜로운 원칙을 세웠으며 토착 말레이인의 교육을 장려했다.

래플스의 아이들을 포함해 열대 지방에 살았던 수많은 사람과 마찬가지로 그의 삶은 너무도 짧게 끝났다. 1824년, 그는 영국으로 돌아갔고 2년 후 뇌종양으로 사망했다. 죽기 전 런던에 세계 최초로 동물원을 설립하는 데 중요한 역할을 했으며, 윌리엄 윌버포스의 절친한 친구이자 노예제 반대활동을 한 사람으로도 기억되고 있다.

영국에서 래플스를 기억하는 사람은 거의 없지만 싱가포르에서는 많은 사람이 그를 기념한다. 대로, 학교, 대학, 쇼핑센터, 골프 클럽, 등대에 그의 이름이 사용되고 있으며, 일본 점령기에도 무사히 보존된 그의 동상은 엠프레스 플레이스에 전시되어 있고 도심 속 보트 키 거리의 래플스 상륙지에도 또다른 동상이 있다.

【개발】

영국의 정치적 지배는 무역과 밀접한 관련이 있었고 19세기 싱가포르는 계속해서 번성했다. 1826년, 싱가포르는 페낭, 믈라카와 통합되어 벵골 총독이 통치하는 동남아시아의 해협 식민지를 형성했고 1832년에는 이 해협 식민지의 수도가 되었다. 1851년부터 1858년까지는 인도 총독이 이 지역을 관할했고 이후에는 인도 사무소를 통해 영국이 직접 통치했다. 그리고 1867년에 대영제국의 직할 식민지가 되었다.

싱가포르는 말레이반도의 고무산업과 1869년에 개통된 수

에즈운하에 힘입어 나날이 경제적으로 막강해졌다. 서양세력의 투자와 은행업, 비즈니스 관행의 발전도 더욱 가속화되었고 19세기 말에는 이 지역 국제무역의 중심지가 되었다. 말레이인은 분노하며 이따금 영국에 저항했지만 싱가포르는 영국의 지배에 반기를 들지 않았고 고무와 주석을 수출하는 주요 무역항으로 날로 번성했다. 영국 정부는 영어를 쓰는 초등학교를 세웠고 다수의 중국인은 중국어학교를 세웠다.

싱가포르는 제1차 세계대전의 영향을 거의 받지 않았지만 1918년에 고무와 주석 가격이 급등하면서 일부 싱가포르인은 큰 부를 거머쥐었다. 또 영국이 식민제국을 보호하면서 싱가포르의 군사전략적 중요성은 더욱 분명해졌고 1922년에는 동아시아에서 영국의 주요 군사기지가 되었다. 1931년, 일본이 만주를 침략하면서 중국인 사이에는 반일감정이 고조되었는데, 영국 관리는 반일시위나 선동을 법으로 엄격히 금지했다.

【 일본 점령기 】

1941년 12월 일본이 말레이반도를 침략했고, 1942년 2월 영국은 싱가포르를 일본에 넘겨주었다. 싱가포르를 '쇼난'이라고 부르던 일본은 점령기간 동안 잔인하고 야만적이었다. 여성과 아이를 포함해 수천 명의 외국인이 체포되어 전쟁 동안 캠프에 수용되었다. 기아, 질병, 잔혹한 처벌을 견디지 못하고 많은 사람이 목숨을 잃었으며 연합군 포로는 고문을 당하고 악명 높은 창이 감옥에 수감되었다.

싱가포르와 말레이시아를 연결하는 간선도로 인근에는 전쟁 중 사망한 연합군을 추모하는 크란지 전쟁 기념비가 있다. 산 중턱에 4,400개의 하얀 묘비가 세워진 묘지에서는 평화로움과 고요함을 느낄 수 있고, 매년 영령 기념일에는 죽은 병사들을 추모하기 위한 추모식도 열리므로 한 번은 방문해보는 것도 좋다. 그 밖에도 창이 예배당&박물관, (싱가포르 함락을 말

해주는 과거 영국군의 지휘본부를 거닐 수 있는) 포트 캐닝의 배틀박스, 부킷 찬두, 영국이 일본에게 무조건적 항복을 선언한 옛 포드 공장도 방문할 수 있다.

싱가포르가 일본에 항복한 후 3년이 지난 1945년 8월 14일 일본이 투항했다. 이 중대한 사건으로 싱가포르 역사에서 가장 고통스러웠던 한 시기가 끝났다. 서양에서 종종 망각하는 것이 중국계 싱가포르인이 겪은 고통이다. 일본인은 중국인을 '바람직하지 못한 사람들'이라고 칭하며 18세에서 50세 사이 5만여 명의 남성들을 체포해 즉결 처형했다. 이런 숙청이 자행된 장소로 창이 해변, 풍골 포인트, 센토사섬이 가장 대표적이다. 에스플러네이드 공원에서는 유명한 중국인 사업가이자 저항운동가였던 림보셍의 기념비를 볼 수 있다. 림보셍은 일본 비밀경찰인 헌병에게 체포되어 몇 달 동안 고문받았지만 단한 차례도 그의 조직원을 배신하지 않았다.

나이가 많은 싱가포르인들은 오래도록 일본의 이런 만행을 잊지 못하며 특히 용서하는 것을 힘들어 한다. 한국, 중국과 마찬가지로 싱가포르도 점령기간 동안 일본이 벌인 만행을 일본 역사교과서에 분명하게 기술해야 한다고 끊임없이 주장하고 있지만 여전히 이런 요구는 제대로 다루어지지 않고 있다.

젊은 세대는 좀 더 실용적인 태도를 취하며 지난 60년 동안 세상이 변했다는 점을 인식하고 있다. 이들은 현재 싱가포르에 사는 수많은 일본인뿐 아니라 일본의 투자와 기술을 기꺼이 받아들인다. 약 3만 4,000명에 이르는 일본인이 싱가포르에 일본-싱가포르 협회를 설립하고 자신들의 초·중·고등학교도 세웠다.

【 독립 】

전쟁이 끝나고 싱가포르는 경제적으로 말레이시아와 불가분의 관계를 맺게 되었다. 영국은 통일된 말레이반도에 대한 열망에도 불구하고 통합을 반대했으며 해협 식민지를 종식하고 1946년 싱가포르를 영국 정부의 직할 식민지로 만들었다. 1950년대 초 싱가포르 정부는 영국이 임명한 총독과 대부분 부유한 중국인 사업가로 이루어진 입법부를 구성했다. 그리고 싱가포르에서 통용되는 4개 주요 언어로 초등교육을 시행했지만 전쟁 동안 영국이 싱가포르를 보호하지 못하면서 민족주의

와 반식민주의가 널리 확산되었다. 나아가 자치에 대한 열망이 커지면서 학생과 노동자의 불만이 높아졌다. 통치권을 넘겨주기 꺼리던 영국은 1959년 마침내 35세의 나이로 총리에 당선된 인민행동당PAP 리콴유에게 완전한 자치 정부를 넘겨주었다. 리콴유는 새로운 국기와 국가를 도입하고 영어, 표준중국어, 말레이어, 타밀어를 공용어로 지정했다. 말레이반도와 연방을 구성하기 위해 말레이시아협정을 체결했고, 4년 후 말레이시아가 독립하면서 새로 창설된 말레이시아 연방에 가입했다.

10년 동안 중국인들은 많은 활약을 펼치며 관리직을 차지했고 말레이반도뿐 아니라 싱가포르에서도 번창했다. 이런 중국인들의 약진에 말레이인이 적대감을 느끼면서 시작부터 연방 내부에는 정치적, 인종적 갈등이 싹텄다. 말레이반도의 국가들은 싱가포르의 많은 중국인이 힘과 영향력으로 새로운 연방을 독식할 것을 우려했다. 그리고 많은 갈등과 논쟁이 벌어진 후 싱가포르는 연방에서 축출되었고 1965년 8월 9일 독립 공화국이 되었다. 불확실성으로 가득한 미래에 직면해 싱가포르는 먼저 유엔에 가입했고, 이후 영연방에도 가입하며 1971년

군대를 철수하는 영국에 작별을 고했다. 이제 매년 8월 9일이 되면 싱가포르에서는 독립기념일 퍼레이드와 불꽃놀이가 펼쳐지고 총리의 연설로 이날을 기념한다.

리콴유는 싱가포르 국민에게 부정부패가 없는 정부와 단일한 다문화 국가의 정체성을 약속했고 무역을 확대하는 데도 힘을 쏟았다. 또 이웃나라와의 관계를 발전시키면서 1967년 싱가포르는 인도네시아, 말레이시아, 필리핀, 태국과 합류해 동남아시아국가연합ASEAN에 가입했다.

리콴유

리콴유는 광둥 지방 출신의 이민자 3세대로, 1923년 싱가포르에서 태어났다. 영국 케임브리지대학교에서 법률을 공부했고 1954년 인민행동당을 조직했다.

대다수의 역사가는 싱가포르가 오늘날 아시아의 신흥대국으로 발전할 수 있었던 이유가 리콴유의 통찰력과 에너지, 추진력이라는 점을 인정한다. 독립 후 몇 년이 지나지 않아 싱가포르의 경제는 눈부시게 성장했고 제조업이 번성했다. 항만시

설(다른 아시아 지역들의 물류센터로서의 전략적 위치에 자리한 수심이 깊은 항만임)은 곧 런던과 뉴욕에 필적할 만큼 발전했다.

아시아 지역의 다른 국가들과 달리 싱가포르는 빠른 경제성장으로 축적한 부를 사회의 가장 가난한 계층에게 분배했다. 리콴유는 현재까지도 싱가포르 사회 전반에 영향을 미치는 법치주의가 부정부패를 억제할 것이라고 굳게 믿었다. 또 인종적 배경과 상관없이 평등한 기회 보장에 강한 신념을 가지고 있었다.

번영하는 다민족 사회에 대한 리콴유의 비전은 큰 성과를 나타냈다. 싱가포르는 전 세계에서 문해율이 가장 높은 국가 가운데 하나로, 국민들의 교육 수준이 매우 높고 의료 서비스, 사회보장제도, 교통 시스템이 매우 잘 갖추어져 있다. 대다수가 주택개발청에서 제공하는 밝은색의 고층 아파트 단지에 자신의 집을 소유하고 있다.

리콴유는 1990년 공식적으로 은퇴하면서 싱가포르 내각의 수석 각료직을 맡았지만 2015년 사망할 때까지 인민행동당에 영향력을 행사했다. 그리고 그의 아들 리셴룽이 뒤를 이어 싱가포르 총리가 되었다.

사회적 변화

싱가포르가 독립할 무렵 중국인은 가장 큰 민족집단을 이루며 사회계층 전반을 대표했지만 주류 정치와 행정 부문에서는 예외였다. 말레이인은 경찰, 공무원, 노동자로 행정기관에서 일했고 인도인은 주로 상점을 운영하거나 노동자로 일했다.

다민족 사회의 이상에는 도달하기 쉽지 않았고 말레이시아 연방에서 축출되기 전 1964에서 1965년에는 중국인과 말레이인 하층계급 간에 갈등이 폭발했다. 쿠알라룸푸르의 극단주의 조직이 선동하는 가운데, 중국인과 말레이인 청년 간의 인종 문제가 폭동으로 번지면서 많은 사람이 사망했다.

독립 후 싱가포르 정부는 고용주에게 고용과 해고에 관한 더 많은 재량권을 부여하는 법을 통과시켜 노동시장을 자유화했다. 동시에 근로자는 처음으로 병가와 실업수당을 받게 되었다. 출산율은 증가했고 가족계획과 인구정책을 통해 의료와 교육 서비스를 제공했고, 또 자발적 불임시술을 대가로 우선해서 주택과 교육의 기회를 주는 등의 인센티브를 제공했다.

【 주택개발청 】

생활환경을 개선하고 민족 간의 장벽을 허물기 위해 싱가포르 주택개발청HDB은 고층 아파트 단지를 건설하고 저소득층 시민을 이주시켰다. 아파트 단지에는 학교, 상점, 휴게시설이 갖추어져 있었다. 사람들은 중앙연금기금에 납부한 의무부담금을 이용해 아파트를 구입했다. 또 공공주택과 기타 개발 프로그램을 위해 사유지를 강제로 수용하는 토지취득법이 1967년 제정되면서 정부사업을 법률적으로 강제할 수 있게 되었다. 주택개발청은 이 법

을 통해 불법 거주자를 몰아내고 빈민가를 깨끗이 청산한 후 이들이 있었던 자리에 쾌적한 아파트를 새로 지을 수 있었다.

이 과정에서 비판이 없었던 것은 아니다. 캄퐁(작은 마을)이 파괴되면서 나이가 많은 싱가포르인은 아파트에서의 생활에 새롭게 적응해야 했고 키우던 돼지와 닭뿐 아니라 한때 이들이 속했던 공동체를 잃게 된 것을 애석해했다. 마찬가지로 주택개발청 제공한 공공주택에서 다른 민족과 강제로 섞여 살면서 캄퐁생활의 특성인 전통적인 공동체가 붕괴되었다. 마지막으로 남아 있는 캄퐁을 방문하려면 창이항 페리터미널에서 범보트(작은 수상택시)를 타고 풀라우 우빈섬에 가면 만나볼 수 있다(156쪽 참조).

이 과정에서 제3세계의 불결한 주거환경이 부유한 선진국 수준으로 향상되었다. 주택개발청이 설립되던 1960년에는 인구의 약 9%만이 주택개발청이 분양한 아파트에 거주한 반면, 현재는 약 79%의 싱가포르인이 공공주택에 거주한다. 정부는 주택개발 펀딩과 기타 다른 활동을 통해 공공주택 프로그램을 지원하고 있다. 이런 정책은 위대한 모더니즘 건축가 르 코르뷔지에가 꿈꿔온 밀집된 미래도시를 구현한 몇 안 되는 성공적인 사례이다.

【 중앙연금기금 】

1955년에 설립된 싱가포르의 의무 사회보장제도인 중앙연금기금CDF*은 사회 변화에 중요한 원동력이다. 처음에는 근로자가 사전에 정해진 수입의 일정 비율을 비과세계좌에 예치했고 고용주도 같은 비율을 적립했다. 현재는 적립률이 가변적이고 정부는 경제 규제의 도구로 이 적립률 조정을 이용한다. 평균 적립률은 개인 임금 총액의 57%이며 이 중 20%를 근로자가 납입한다. 중앙연금기금은 많은 싱가포르 근로자에게 노후의 안정과 확신을 제공하는 종합저축제도이다. 이 기금은 퇴직, 의료 서비스, 주택 마련, 부양가족 보호, 자산 증대를 등에 걸쳐 다양한 혜택을 제공한다.

중앙연금기금의 적립금으로 이자수익을 얻을 수도 있다. 노후 대비를 위한 특별저축의 예금과 의료저축계좌medisave accounts는 보통의 일반계좌 이자율에 1.5%포인트의 추가 이율이 지급된다. 이처럼 중앙연금기금으로 생겨난 가장 중요한 사회적 변화는 대다수의 싱가포르인이 자신 소유의 집을 가질 수 있게 된 것이다.

1970년대에는 교육에 중점을 둔 덕분에 생활 수준이 향상

---

* 우리나라의 국민연금에 해당한다. – 옮긴이

되었고 빈곤이 감소했다. 계층 간의 차이가 크지 않았으며 영어실력, 기술, 전문성이 계층 상승을 이루는 주요 수단이었다.

1980년대에는 노동력에 대한 수요가 증가하면서 정부에서는 직업교육을 확대하고 여성의 사회 참여를 더욱 장려해 수요 증가에 적극적으로 대처했다. 그리고 고용 촉진을 이끈 중요한 요인은 여성의 교육이었다. 교육을 받은 여성이 사회에 진출하면서 기업의 환경이 크게 변화했다. 현재 싱가포르 노동시장의 여성 참여와 위치 면에서는 다른 아시아 국가에 비할 데가 없으며, 세계경제포럼WEF에서 발표한 2017년 성격차지수GGI에서는 0.70점(가장 높은 점수는 1)을 기록했다. 이 점수는 0.77을 받은 영국과 0.701을 받은 미국과 견줄 만하다. 하지만 이런 정책으로 가계소득은 증가했지만 출산율 감소라는 달갑지 않은 결과가 발생했다. 싱가포르 정부는 자꾸만 낮아지는 출산율을 높이고자 계속해서 출산장려정책을 세우고 있다.

공공주택 단지 안의 민족구성에 균형을 맞추고 민족 간 화합을 도모하기 위해 싱가포르 정부는 민족통합정책을 도입했다. 이 정책은 한 민족이 특정 블록이나 지역을 차지할 수 있는 총 비율을 제한한다. 그 결과 사람들이 아파트를 자유롭게 사고팔 수는 있지만 민족 비율이 허용된 기준치를 초과하지 않는 경우에만 가능하다. 주택개발청은 다른 정부 부서와 계속적으로 협력해 지역의 문화센터와 동네 공원 같은 사회시설을 제공한다. 또 원형 극장과 전시관 등의 시설이 들어설 특정 구역을 포함하는 도시를 설계함으로써 공동체 화합을 위해 거주민이 서로 소통할 기회를 많이 주고자 한다.

법과 질서

지금의 안정적인 싱가포르 사회는 결코 대가 없이 이루어지지 않았다. 비판적인 사람은 싱가포르가 지나치게 통제된 사회라고 주장한다. 한때 관광객에게 '멋진 도시'로 호감을 샀지만 대다수의 관광객은 의사의 처방 없이 껌을 씹는 사람에게 벌금을 부과하는 것에 깜짝 놀란다. 싱가포르에서는 공공장소에서 침을 뱉거나 횡단보도 주변의 50m 이내에서 무단횡단과 쓰레기를 버리면 안 되고, 비둘기에게 먹이를 주거나 커튼을 내리지 않은 채 집에서 나체로 걸어 다녀도 안 된다. 대부분의 식당은 금연이며 공중화장실을 사용한 후 물을 내리지 않아도 벌금이 부과된다. 공공기물 파손에 대해서는 세 대에서 여덟

대에 이르는 태형이 선고
될 수 있다. 사실 여성이
나 50대 이상의 남성은
태형을 받지 않지만 태형
은 여전히 처벌이나 억제
책으로 폭넓게 이용된다.

최근에는 학교와 가정
에서의 체벌을 반대하는
움직임이 있지만 두 경우
모두 아직까지 합법이다.

배심원 재판은 독립 후 처음에는 살인사건의 경우 유지되었지
만 정부의 관점에서 보기에 유죄 선고가 너무 적어 1969년 폐
지되었다. 1980년대에는 지역 경비가 도입되었고 작은 동네 초
소가 세워졌다. 1980년대 말까지 경찰의 15%가 여성이었다.

1990년대에는 사법부가 여러 정치사건과 시민권 소송에서
정부에 반대하는 판결을 내리면서 헌법상의 독립을 보여주었
다. 정부의 관리가 정치적 반대파를 협박하고 언론을 검열했
지만 판결을 뒤집거나 판사를 쫓아내고 위협하려 하지는 않
았다. 현재 싱가포르는 엄격히 규제된 사회이지만 개방과 통제

사이에서 나름대로의 균형을 잘 유지하고 있다. 싱가포르는 동남아시아에서 최고의 사법제도를 갖춘 국가로 알려져 있다.

정치

인민행동당은 대중적 인기와 네거티브 선거를 금지하는 엄격한 조치 덕분에 압도적인 우위를 점하고 있다. 투표는 의무이며 2015년 총선에서 89석 가운데 83석을 차지했다. 그에 반해 노동당은 단지 6석을 차지하는 데 그쳤다.

리콴유와 그의 뒤를 이은 후계자는 권위적인 통치방식으로 정치적 반대파를 실질적으로 억압했다. 언론에서는 정치토론을 거의 하지 않으며 많은 국회의원 후보자가 아무런 반대 없이 권력을 다시 거머쥐었다. 노동당은 인민행동당이 명예훼손법을 이용해 2015년 선거에 후보자가 출마하는 것을 막고 노동당에 투표한 지역 주민을 공공주택 입주명단에서 가장 아래 배치한 것을 비난했다. 2017년 국경 없는 기자회RWB는 언론자유 부문에서 싱가포르 순위를 151위로 매겼다.

외국인에게는 이런 일이 억압적으로 보일 수 있지만 50년

넘게 이어온 인민행동당의 집권을 통해 합리적이며 효율적으로 정부를 운영할 수 있었던 점을 기억할 필요가 있다. 법질서에 대한 존중과 더불어 싱가포르가 세계에서 가장 높은 주택 소유율과 국가저축률을 기록하면서 사람들의 생활 수준은 점차 향상되었다. 이것이 검증되지 않은 정부에 대해서는 위험을 회피하려는 다민족 사회의 모습이다.

싱가포르 정부는 외국인의 비판에 민감하므로 이런 문제를 싱가포르인과 토론하는 것은 권장하지 않는다. 게다가 리콴유와 그의 후계자는 서양 사회는 자신들의 가치를 포기했다고 여기며 서양의 약물남용, 범죄, 폭력, 그리고 이로 인한 가정생활의 붕괴, 노숙자문제를 지적한다. 평범한 사람은 대체로 생업이라는 중요한 일에 매진하겠지만, 정치적 의견을 조심스럽게 말하는 싱가포르인이 있다면 아마도 정치는 정치인에게 맡기는 것이 가장 바람직하다는 지적을 받게 될 것이다.

도시개발

1세대 정치 지도자들은 싱가포르를 현대적이고 역동적인 대

도시로 변화시키고자 마음먹었다. 선견지명과 장기적인 도시개발 계획을 바탕으로 도시화 프로젝트에 자금을 투자했으며, 이 프로젝트는 빈민가 사람들을 이주시키고 땅을 개간하는 것을 주요 목표로 하는 주택개발청의 공공주택 프로젝트를 골자로 한다. 그리고 이 모든 일은 도시개발청URA이 관할했으며 깨끗한 공기, 편리한 교통, 훌륭한 사회기반시설, 안락한 생활을 싱가포르인들에게 제공하고 있다.

국토의 90%를 소유한 정부는 생태학적으로 지속가능한 도시 시스템을 만들기 위해 노력했으며 사람들의 삶의 질을 계속해서 향상시켰다고 여긴다. 하지만 삶이 나아졌다고 모든 개발이 환영받은 것은 아니다. 부킷 브라운 지키기Save Bukit Brown 캠페인은 주택건설을 위해 부지를 마련하려는 계획과 출퇴근시간의 교통혼잡을 완화하는 8차선 도로를 건설하기 위해 유적지를 개발하려는 계획을 막는 로비활동을 벌였다. 중국 밖에 있는 가장 큰 규모의 중국인 공동묘지인 부킷 브라운에는 2,300km^2 부지에 10만 개가 넘는 무덤이 있으며 1822년까지 기원을 거슬러 올라가는 싱가포르에서 가장 오래된 무덤이다. 이곳은 하이킹하는 사람, 새를 관찰하는 사람, 평화로움과 고요함을 찾는 사람에게 사랑받는 장소이다.

　　토지개간은 싱가포르 산업화의 핵심으로, 지난 200년 동안 약 25%의 영토를 확장했다. 해안가의 작은 섬들 사이에 있는 물을 메워 더 큰 면적을 만들면서 북쪽 해안의 길게 뻗은 구간뿐 아니라 대부분의 남쪽 해안도 지형이 변했다. 마리나 베이는 이 프로젝트의 규모를 알아보기 위해 방문해보기 가장 좋은 장소이다. 1969년에 시작해 2008년 마리나댐의 건설로 마무리가 되면서 해안가 부지는 360ha가 확장되었고 새로운 마리나 담수저장소로 바뀌었다. 현재 이곳은 아트사이언스 박물관, F1 피트 빌딩, 가든스 바이 더 베이, 시어터즈 온 더 베이, 상징적인 마리나 베이 샌즈 호텔 등이 자리 잡고 있다.

조직적이고 지속적인 개발로 여러 해에 걸쳐 95%의 싱가포르 맹그로브*와 대부분의 산호초가 사라졌다. 개발이 환경에 미치는 피해를 인식한 싱가포르 정부는 2015년 지속가능한 싱가포르 청사진 Sustainable Singapore Blueprint을 도입했다.

---

* 강가나 늪지에서 뿌리가 지면 밖으로 나오게 자라는 열대 나무이다. ─옮긴이

02

가치관과
사고방식

싱가포르에는 중국, 말레이시아, 인도 3개의 아시아 문화가 한데 모여 있다. 각각 뚜렷이 구별되는 고유의 규범, 가치관, 종교를 가지고 있으며 동시에 많은 공통점도 존재한다. 연장자와 학식이 있는 사람을 존경하는 문화 등을 예로 들 수 있다. 그 결과 싱가포르인들이 서로를 잘 이해하는 것은 당연하며 오늘날 싱가포르가 성공한 다문화 사회가 된 이유도 어느 정도 설명할 수 있다.

공통된 아시아적 가치관

싱가포르에는 중국, 말레이시아, 인도 3개의 위대한 아시아 문화가 한데 모여 있다. 이 세 문화는 각각 뚜렷이 구별되는 고유의 규범, 가치관, 종교를 가지고 있으며 동시에 많은 공통점 역시 존재한다. 그 결과 싱가포르의 중국인, 말레이인, 인도인이 서로를 잘 이해하는 것은 당연하며 매우 성공한 다문화 사회가 된 이유도 어느 정도 설명이 된다.

예를 들어 집단이나 개인의 품위를 항상 존중해야 하며 이것을 손상시키는 일은 금기시된다. 다시 말해 집단이나 개인을 크게 당혹스럽게 하는 체면을 깎아내리는 일은 반드시 조심해야 한다. 또 세 민족집단 모두 동등한 기회보장에 적극적으로 찬성하지만 연장자와 학식이 있는 사람을 존경하는 위계적 사회를 크게 신뢰하기도 한다. 이 위계적 사회는 높은 지위의 세습이 아니라 노력을 통해 얻으며 이런 지위에는 책임이 따른다.

싱가포르인들에게 관계는 매우 중요하며 오랫동안 쌓아가야 한다. 이런 이유로 싱가포르인들은 가족과 친구 혹은 학교에 연고가 있는 사람과 함께 사업하기를 선호한다. 그래서 기업에서는 문제가 생기면 계약서와 변호사를 찾는 대신 먼저 공급사나 고객을 찾아 도움을 구한다.

　사업 외의 영역에서 보내는 사교적 시간은 바람직하다고 여겨진다. 또 한 번에 한 가지가 아니라 여러 일을 동시에 수행하는 문화이며 시간을 융통성이 있는 것으로 생각한다. 이런 태도로 인해 계획이나 세부사항에 자주 변화가 생기는데, 관계보다는 협의를 중시하는 서양인에게 이런 태도는 불만스러울 수 있다.

　싱가포르인들은 마음속 생각을 잘 말하지 않기 때문에 이들의 태도가 우회적이고 모호해 보일 수 있다. 상대방에게 이의를 제기해 기분을 상하게 하거나 당혹스럽게 하기를 바라지 않으므로 긍정적인 대답은 '잘 듣고 있어요'라는 뜻이 전부일 수 있다. 이와 유사하게 나쁜 소식을 전할 때도 직접적으로 말하는 경우가 거의 없다. 속이려는 의도가 아니라 관계를 악화시키거나 상대방을 곤란하게 만들고 싶지 않기 때문이다.

종교

싱가포르는 종교적 관용에 자부심을 가질 만한 세속국가이다. 싱가포르 국민은 자신이 원하는 대로 자유롭게 예배를 본다.

사실 종교는 사회와 일상생활에서 중요한 역할을 한다. 법정공휴일이 없는 대신 국경일에 공식행사(독립기념일 행사 등)와 종교적인 축제(디파발리 혹은 디왈리 등)가 펼쳐진다. 서로 다른 민족 공동체는 크게 종교로 구분되며 이들의 특징적인 가치관, 태도, 관습의 상당 부분은 전통적인 믿음에 뿌리를 두고 있다.

【 중국인 】

중국인들에게 종교는 인생의 여러 과정을 헤쳐 나가는 데 도움이 되는 다른 무엇보다 우선시되는 믿음이다. 이들의 신앙체계는 뚜렷이 구별되는 세 가지 철학인 도교, 불교, 유교가 실용적으로 결합되어 있다. 세 철학은 다양한 영적, 지적, 사회적 요구를 해결하며 수천 년 동안 중국인의 삶을 지탱해왔다.

싱가포르의 중국인들은 특히 이슬람교로 개종하려 하지 않는데, 이런 경향은 말레이 요리를 받아들이는 것과는 대조적이다. 아마도 음주를 비롯해 중국인이 즐겨 먹는 돼지고기 같은 특정 음식을 금지하는 이슬람교의 금기와도 상관이 있을 것이다. 만약 중국인이 다른 종교로 개종하면 그 부모와 조부모는 크게 놀라며 자신들의 후손이 더 이상 예를 갖추어 장례를 치르거나 조상에게 차례를 지내지 않을 것을 우려한다.

도교

도교는 근본적으로 자연과 조화를 이루며 사는 삶을 설파한
다. 『도덕경』과 『장자』는 도교의 주된 두 텍스트이며 『도덕경』
은 노자가 쓴 것으로 전해진다.

도교의 '도道'는 '길'을 뜻한다. 우주는 2개의 상반되지만 상
호보완적인 양상, 즉 음과 양으로 구분되는 원초적인 힘으로
나뉘어 있다고 본다. 이 양극성은 음과 양의 상징에 잘 나타나
있는데, 원 안에서 소용돌이치는 2개의 형상은 우주에서 유일
하게 부단히 되풀이되는 요인인 변화에 대해 가르친다. 각 상

태는 내부에 그 반대의 원인을 포함하고 있고 이 반대의 속성으로 점차 이동해간다. 따라서 하얀 소용돌이 안에 작은 검은 점이 있고, 검은 소용돌이 안에도 마찬가지로 작은 하얀 점이 있다.

한 전통에 따르면 음은 대지를 형성하는 숨을 상징하고 양은 하늘을 만드는 숨을 상징한다. 가장 흔한 시각은 음은 부드러움, 차분함, 고요함, 내향적, 치유의 여성적 특성을 상징하며, 양은 강건함, 열정적, 정력적, 활동적이며 때로는 공격적인 남성적 특성을 상징한다. 또 음은 밤을, 양은 낮을 상징한다고 보는 시각도 있다.

이처럼 조화를 이루는 힘의 원리는 중국인들의 사고에 깊게 새겨져 있다. 세계와 국가, 신체의 모든 부분은 번영하려면 균형을 이루어야 한다. 도교 사상에 따르면 신체에 병이 생기는 근본 원인은 음의 차가운 기운과 양의 따뜻한 기운을 가진 음식 간에 균형이 맞지 않기 때문이다. 마찬가지로 전통적인 관계에서도 가령 아버지와 아들, 남편과 아내, 통치자와 백성, 국가와 국가 간에도 조화가 유지되어야 한다. 이런 방식으로 도교는 비록 본질적으로 비현세적이고 고요한 철학이지만 보수적인 유교적 가르침의 경직성을 보완할 수 있다.

중국의 신앙은 다양한 신, 유령, 악마를 받아들인다. 사원은 나쁜 기운의 영향을 받지 않기 위해 풍수지리 사상에 따라 엄격히 위치를 선정해 세워진다. 풍수에 따르면 벽, 가구, 물건을 올바르게 배치하면 기(에너지 혹은 생명력)의 흐름이 크게 좋아져 거주자나 사원의 경건한 신도에게 번영을 가져다준다고 한다.

중국 사원을 방문하는 사람은 사악한 귀신의 발을 걸어 넘어트리기 위해 고안된 돌을 넘어 무시무시한 신들이 그려진, 음과 양을 상징하는 암컷과 수컷의 두 마리 사자가 지키는 문을 통과해야 한다. 또 방문객은 안뜰에 들어설 때 신발을 벗

어야 한다. 중국인들은 경건한 자세로 사원을 방문하지만 더불어 기도문과 종소리가 울려 퍼지는 가운데 향냄새가 진하게 풍겨오는 사원에서 사람들을 만나고 의견을 교환하며 험담을 나누기도 한다.

싱가포르에서 가장 오래된 중국 사원은 텔록 에이어 거리에 있는 티안혹켕 사원이다. 1821년경 바다의 여신 마주를 숭배하고 감사의 기도를 올리기 위해 세워졌으며 다채로운 타일과 칠기로 화려하게 장식되어 있다. 중국의 종교와 민속 문화에 관심이 있으면 호 파 빌라 테마파크나 타이거 밤 가든을 방문해보는 것도 좋다. 독특하고 무섭기도 한 멋진 볼거리를 제공한다.

불교

불교는 세상의 고통과 번뇌에서 벗어나는 법을 가르친다. 불교의 창시자인 고타마 싯다르타, 즉 석가모니의 가르침은 인도 밖으로 널리 퍼져나가 한국, 중국, 일본, 동남아시아 등지에서 번성하고 발전했다.

석가모니가 출생할 당시 인도에는 인도의 전통 사상이자 태양신 브라만을 숭배하는 브라만교가 널리 퍼져 있었고, 브라만교의 전통에 따라 엄격한 신분질서인 카스트제도가 사회를 지배하고 있었다. 이로 인해 차별받던 하층민에게는 새로운 종교가 필요한 상태였다. 그리고 이 가운데 불교의 창시자인 석가모니가 탄생한다. 부유하게 태어난 석가모니는 어린 시절 고통이나 가난이 무엇인지 알지 못했고 29세가 되던 해 자신에게 주어진 사치와 부를 버리고 출가를 하게 된다. 이후 6년 동

안의 고행을 끝내고 다시 보리수* 아래 앉아 깊은 사색에 정진해 마침내 깨달음을 얻는다.

불교의 핵심 사상이자 '네 가지 성스러운 진리'를 뜻하는 '사성제'는 석가모니가 보리수 아래에서 깨달음을 얻고 얼마 후 행한 최초의 설법 내용이다. 사성제는 '현세는 모두 고통이고 고통은 관념과 집착이 원인이다. 고통을 없애려면 집착을 버리고 해탈의 경지에 도달하는 것이며, 고통을 없애고 해탈의

---

* 석가모니가 그 아래에서 변함없이 진리를 깨달아 불도를 이루었다고 하는 나무이다.—옮긴이

경지에도 도달하려면 여덟 가지 방법을 따라야 한다'가 주요 내용이다. '팔정도'라고 하는 이 여덟 가지 방법은 '바른 견해, 바른 생각, 바른 말, 바른 행동, 바른 생활, 바른 노력, 바른 마음챙김, 바른 집중'을 말한다.

불교는 나중에 2개의 주요 종파로 나뉜다. 소승불교는 수행을 통해 개인의 해탈을 가르치고, 대승불교는 중생을 이끌어 부처의 경지에 이르게 하는 것을 이상으로 한다. 싱가포르에서는 대승불교가 좀 더 인기가 있지만 소승불교와 대승불교 모두 찾아볼 수 있다.

유교

종교라기보다 윤리체계에 가까운 유교의 철학은 2000년이 넘는 시간 동안 중국 문명을 형성해왔다. 공자는 기원전 551년에 태어나 중국 고전을 연구하고 가르치는 데 일생을 바쳤다. 사람들과의 원만한 관계 유지를 중요하게 여기던 공자는 평생토록 다섯 가지를 강조했다. 우선 사람들과의 관계가 원만하기 위해서는 이해심을 강조하고 둘째로는 예의를 강조한다. 고대의 예의는 조상숭배와 제사로 이해해야 할 것이다. 셋째는 조상숭배 그 자체로, 조상에 대한 예의는 공자 사상의 핵심이다.

넷째는 의로움으로, 사소한 이익을 위해 자신의 마음을 속이지 말라고 강조했다. 마지막으로 공자는 인품이 다르다고 여겨 남자와 여자, 군자와 소인 등으로 사람을 구별했다. 공자의 가르침은 인간사의 윤리를 다루었고 일상생활에 대한 실용적인 지침을 계속해서 만들었다. 현대 서양의 가치체계와 달리 유교는 개인의 권리를 무엇보다 우선하지 않으며 집단의 요구와 개인의 의무, 책임을 강조한다.

오륜 유교에서 가르치는 사람이 지켜야 할 다섯 가지 도리	
부자유친	아버지와 아들 사이의 도리는 친애에 있음
군신유의	임금과 신하 사이의 도리는 의리에 있음
부부유별	남편과 아내 사이의 도리는 서로 침범하지 않음에 있음
장유유서	어른과 어린이 사이의 도리는 엄격한 차례와 복종해야 할 질서에 있음
붕우유신	친구와 친구 사이의 도리는 믿음에 있음

유교의 실천

중국인들은 유년기부터 자신이 집단에 속해 있다는 것을 알고 집단의 체면을 깎아내리거나 부끄럽게 하는 행동을 해서는 안 된다고 교육받는다. 가족 중 한 명이 도움이 필요하면 재정적 문제든 도덕적 문제든 나머지 가족이 기꺼이 나서서 도와준다. 타인보다 자신의 일을 우선시하는 아이는 도덕성이 없고 신뢰할 수 없으며 사회적으로 부적합하다고 여겨진다.

가정에서 처음 교육받는 이런 유교적 가치관은 후에 학교에서 전체 학급을 위해 도서를 관리하거나, 학급 친구들에게 점심을 제공하거나, 점심 후 혹은 방과 후에 청소할 그룹을 지정하는 등 종종 현실적인 방식으로 강화된다.

다양한 형태의 의무가 있지만 자신을 낳아주고 키워준 연로한 부모를 돌보는 것보다 더 중요한 의무는 없다. 부모는 부족함 없이 살다가 죽고 난 후에도 자녀가 부모를 섬기게 될 것에 안심한다. 또 부모가 만족스러운 노년을 보내도록 할 책임은 성인이 된 자녀, 특히 큰아들에게 주어진다. 과거 싱가포르

에는 3대가 한 지붕 아래 사는 일이 흔했지만 지금은 많이 줄었다.

교육은 특히나 크게 강조된다. 제대로 된 교육은 미래에 성공적인 좋은 직업을 보장한다. 또 교육을 통해 집단의 지위를 향상시키고 개인의 잠

재력을 개발하는 일은 매우 중요하기 때문이다.

어릴 때부터 확고한 개인주의를 강조하고 자신의 주장을 펼치도록 하는 서양의 문화와는 달리 싱가포르는 분명 개인을 강조하는 사회는 아니다. 또 싱가포르 사회는 지위가 더 높은 사람을 존중하도록 적극 장려한다. 이런 지위가 연륜으로 생긴 지혜로 인해 존경받을 나이가 되어서인지, 특정 분야에서 전문적 위치를 차지하기 위해 다년간의 연구로 학식이 풍부해서인지는 중요하지 않다. 마찬가지로 싱가포르 기업에서 사장은 존경받고 직원은 마땅히 사장에게 충성한다. 그 대신 직원은 일에 대한 문제뿐 아니라 자신의 가정에도 사장이 관심을 보여주기를 기대한다.

싱가포르 정부는 유교를 통해 더욱 화합된 사회를 형성하고 효도와 교육을 장려하고 있다.

젊은 세대

유교적 가치를 중시하는 중국 사회에서 책임감과 충성심을 가진 헌신적이고 의욕이 넘치는 노동력이 어떻게 생겨났는지는 이해하기 쉬울 것이다. 하지만 일부 젊은 싱가포르인들은 유교적 가치가 현대 사회와 더 이상 관련성이 없다고 생각한다. 사실 싱가포르 정부는 이런 경향에 대해 크게 우려해 젊은 세대가 존중하는 가치를 알아보기 위해 설문조사를 실시했다. 다행스럽게도 압도적인 수의 젊은이가 효도, 정직, 책임, 자기절제 같은 가치가 과거 조상들이 그랬던 것과 마찬가지로 자신들에게도 중요하다고 대답했다.

【 말레이인 】

싱가포르 말레이 인구의 99%는 이슬람교도이다. 초기에는 불교와 힌두교가 종교적 영향력을 가졌지만 1292년 마르코 폴로가 동남아시아를 방문할 무렵에는 불교와 힌두교 사원이 있던 자리에 모스크*가 건립되며 이슬람교가 확고히 자리를 잡고 있었다.

이슬람교

이슬람교는 유대교, 기독교와 마찬가지로 일신교이다. '이슬람'은 예언자 무함마드에게 계시된 하나님(알라)의 뜻에 적극적이고 자발적으로 복종한다는 뜻이다. 570년 아라비아반도의 메카에서 태어난 무함마드는 610년경 중년의 나이에 알라의 계

---

* 이슬람교 예배당을 말한다. ─옮긴이

시를 받아 유일신(알라)을 섬기라고 선포한다. 하지만 메카에서의 박해를 피해 달아난 그는 메디나에 최초로 이슬람 공동체를 설립한다. 현재 두 도시는 모두 이슬람교의 성지이다.

순수하고 타락하지 않은 알라의 말을 기록한 이슬람교 경전은 천사 가브리엘을 통해 무함마드에게 내린 계시를 한데 묶은 책으로, 『코란』이라고 한다. 『코란』은 예수를 포함해 『성경』에 나오는 많은 이야기를 비연대기적으로 기록했고 검소한 옷차림을 하고 도박과 음주 금지, 돼지고기와 기타 하람식품* 섭취 금지 등 일상생활의 규범을 포함하고 있다. 이슬람교 교리에서 두 번째로 중요한 자료는 『하디스』로, 예언자 무함마드의 전승과 언행을 기록한 책이다. 이슬람교도의 삶을 형성하는 기본 의무를 신앙의 다섯 가지 기둥이라고 한다.

이슬람교의 다섯 가지 기둥	
신앙증언	'알라 이외에 다른 신은 존재하지 않고, 무함마드는 알라의 사도이다'라는 교리를 암송할 의무
예배	하루 다섯 번의 기도로 알라를 섬길 의무
종교적 헌납	자선품을 기부하고 가난한 사람을 도울 의무
단식	라마단(이슬람 달력으로 아홉 번째 달) 한 달 동안 단식할 의무
순례	육체적, 제정적으로 여유가 있는 사람이 일생에 한 번 메카로 순례를 떠날 의무

* 코란에 따라 이슬람교도가 절대 먹어서는 안 되는 식품이다. ─옮긴이

라마단 기간에 싱가포르를 방문한다면 노인, 어린이, 임신부, 수유 중인 여성을 제외하고 모든 독실한 이슬람교도가 단식을 한다는 사실을 기억해야 한다. 해가 떠 있는 시간에는 음식은 물론 물도 마시지 않는다. 단식은 건강에 유익하다고 보지만 라마단 단식은 주로 내면적 성찰과 자기정화를 수행하는 한 방법으로 여겨진다. 짧은 시간이기는 해도 단식하는 사람은 세속적인 안락과 단절되어 굶주리는 사람에게 진심 어린 연민을 느껴봄으로써 알라를 기쁘게 한다. 따라서 이 기간에 인도인이든 말레이인이든 이슬람교도가 있는 곳에서 음식을 먹는 일은 사려 깊지 못한 행동일 것이다.

이슬람교를 믿는 남성과 여성은 직계가족이 아닌 다른 이성과 신체를 접촉하는 것이 금지되므로 아무 생각 없이 동료에게 악수를 청해서는 안 된다. 또 돼지와 개, 양서류에 속하는 동물은 불결하다고 보기 때문에 개를 키우고 있는 집으로 말레이인 친구를 초대한다면 친구가 방문해 있는 동안은 개를 다른 방에 두는 것이 좋다. 이슬람교도에게는 개의 코, 타액, 털과 접촉하는 것이 엄격하게 금지된다는 점을 잊어서는 안 된다. 이런 이유로 이슬람교도 택시 기사는 개를 데리고 타는 손님의 탑승을 거부할 수도 있다.

이슬람교도에게 금요일은 기도의 날이며 이날을 위해 송코*와 가장 좋은 옷을 차려입고 모스크로 가는 사람을 볼 수 있다. 보통 기업과 상점에서는 이슬람교도가 기도에 참석할 수 있도록 금요일에는 점심시간을 연장해 준다. 또 사무실에 개인공간을 마련해 주중에 매일 짧은 기도를 할 수 있게 해준다.

이슬람교도가 아닌 사람도 조용하고 공손한 태도를 보인다면 모스크에 방문할 수 있으며 들어가기 전에 신발을 벗어야 한다. 단정한 옷차림을 하고 여성은 팔, 다리, 머리를 가려야 한다. 또 사진을 찍기 전에는 항상 허락을 받아야 한다. 모스크를 방문하기 가장 좋은 시간은 오전 9시에서 12시 사이로, 비교적 조용한 때이다.

---

* 말레이시아 남성이 쓰는 낮은 원통 모양의 전통적인 검정 벨벳모자이다. - 옮긴이

부디

말레이인은 어느 면에서 유교와 비슷한 고유의 행동철학이 있다. 이것을 '부디'라고 한다. 이 관례에 따르면 개인은 즐거운 성향을 지니며 타인, 특히 노인을 공경하고 이들에게 항상 공손해야 한다. 또 가족과 사회 전체가 조화를 유지하고 자녀가 부모에게 사랑과 애정을 나타내는 것이 중요하다고 강조한다.

【 인도인 】

하나의 종교로 인도 공동체를 규정할 수는 없다. 전체 인도 공동체의 절반 이상이 힌두교를 믿으며 이슬람교, 시크교, 기독교를 믿는 사람도 있다.

힌두교

힌두교는 기원전 2500년경 북인도에서 유래했다. 표면적으로 힌두교는 뚜렷한 모순과 다양한 형식의 예배, 수많은 신들을 받아들인다. 하지만 이런 폭넓은 다양성의 기저에는 힌두교의 최고 원리이자 근본적 실재인 '브라만'이 있다. 브라만은 그 자체로는 알 수 없지만 수많은 신과 여신을 통해 속성을 엿볼 수 있다.

힌두교의 삼위일체는 창조(브라마), 보존(비슈누), 파괴(시바)를 상징한다. 또 가장 인기 있는 신은 코끼리 얼굴에 사람 몸을 한 가네쉬로, 지혜, 번영, 행운의 신이다. 힌두교를 믿는 사람들이 신앙에 따라 행동하고 고대 베다를 신성하게 받아들이며 카스트제도를 인정하는 한 힌두 사회에서 이들의 위치는 흔들리지 않을 것이다.

힌두교에는 몇 가지 신성한 저작물이 있는데, 그중 가장 오래된 것은 인도땅에 정착한 인도-유럽 어족에 속하는 아리아인의 베다, 설화, 시가, 의식절차이다. 베다(산스크리트어로 '지식'이라는 뜻) 경전에는 네 가지 종류가 있으며 현존하는 가장 오래된 종교 경전이다. 가장 중심이 되는 찬가를 모은 『리그베다』, 제관이 부르는 노래를 모은 『사마베다』, 공양·희생·제사를 위한 내용을 모은 『야주르베다』, 재앙을 물리치고 복을 비는 내용을 모은 『아타르바베다』가 여기에 포함된다. 이 경전은 힌두서사시 『라마야나』, 『마하바라타』와 함께 현대 힌두교의 기본 신앙을 담고 있다.

힌두교에서는 모든 생명체에 영혼 혹은 아트만*이 있다고 믿는다. 삶은 영혼이 선한 행동을 함으로써 탄생과 죽음의 굴레에서 벗어날 때까지 계속되는 부활과 환생의 연속이며, 개인의 영적 성장은 카르마**와 다르마***로 결정된다. 누구도 다르마의 의무에서 벗어날 수 없다고 믿기 때문에 자연스럽게 인도의 카스트제도를 더욱 공고히 한다. 따라서 힌두교도는 현재의 삶에서 자신이 마땅히 받을 만한 것을 받는다고 믿는다. 어떤 일이 생기든 모든 일은 전생에서 한 행위의 결과이기 때문이다. 힌두교에서 개인의 의무는 가장 중요하다.

---

* 끊임 없이 변하는 물질적 자아와 대비해 절대 변하지 않는 가장 내밀하고 초월적인 자아를 말한다. ─옮긴이

** 업보 혹은 운명을 말한다. ─옮긴이

*** 자연과 사회의 조화를 이루는 질서체계를 지키려는 행동규범을 말한다. ─옮긴이

기독교

전통적으로 기독교는 동남아시아와 관련이 있는 종교는 아니지만 불교에 이어 기독교는 싱가포르에서 두 번째로 많은 신도를 거느린 종교(불교 33%, 기독교 18%, 이슬람교 15%, 도교 11%, 힌두교 5%, 기타 18%)이다. 대다수는 개신교이지만 동방정교, 천주교, 루터교, 장로교에 이르기까지 다수의 종파가 있다. 싱가포르 성공회는 26개의 교구가 있으며 1856년에 지어진 세인트 앤드루스 성당이 싱가포르에서 규모가 가장 크다.

기독교의 확산은 기독교 신자가 아니었던 리콴유가 가장

잘 설명할 수 있을 것이다. 그는 2009년 인터뷰에서 다음과 같이 말했다. "싱가포르에서 대다수의 중국인이 불교를 믿거나 도교의 조상숭배를 따르는 것을 볼 수 있습니다. 하지만 교육을 받은 젊은 세대, 특히 서양식 교육을 받은 젊은 세대는 서양의 책과 문화를 접하고 나서는 뜻 모를 말이나 조상이 무슨 소용이 있는지 의문을 가지기 시작하죠. 이들은 밖으로 나와 선교활동을 벌이는 기독교 단체를 만나는데, 기독교는 쉽게 영향을 받고 새로운 것을 잘 받아들이는 10대들을 사로잡습니다. 제 손녀도 이들 중 하나죠. 이제 28세입니다."

교육

싱가포르에서 교육은 매우 중요하며 무상 의무교육이 도입되면서 사회는 크게 변화했다. 정부의 개혁으로 공립학교의 교육 수준이 향상되었고 사회집단 간의 학력 차가 줄어들었다. 현재 싱가포르가 교육 부문에서 이룬 성과는 전 세계의 부러움을 사고 있다. 하지만 경쟁이 매우 치열하다. 부모는 자녀가 최고의 성적을 받을 수 있도록 이사를 하고 사교육에 엄청난 돈을 쓴다. 300개 이상의 사설 교육기관이 있고 교육부의 특별 허가 아래 싱가포르 국민만 입학할 수 있는 국제학교가 있다. 정부는 대학교에 많은 보조금을 지원하고 있으며 싱가포르 국립대학교와 난양공과대학교는 2016년 QS 세계대학순위에서 각각 12위와 13위를 기록했다.

목표지향적 사회

출신과 상관없이 싱가포르의 젊은 세대는 성공에 가치를 두며 직장에서는 목표지향적 방식이 전통적 관계에 기반한 방식을 대신하고 있다. 경쟁, 성취, 성공을 바탕으로 한 목표지향적 사회는 종종 남성적 사회로 간주된다. 사회적으로 이런 경향은 '키아수'로 알려진 지위불안의 형태로 나타난다. 이웃이 앞다투어 최신 전자제품을 구입하면 그 제품이 매진될 경우를 대비해 당신도 서둘러 구입하는 편이 좋다. 뒤처지기를 바라지 않는 사회 분위기가 대다수의 젊은이가 부끄러움 없이 5개의 C, 즉 현금cash, 아파트condo, 자동차car, 신용카드credit card, 컨트리 클럽country club을 추구하는 이유일 것이다.

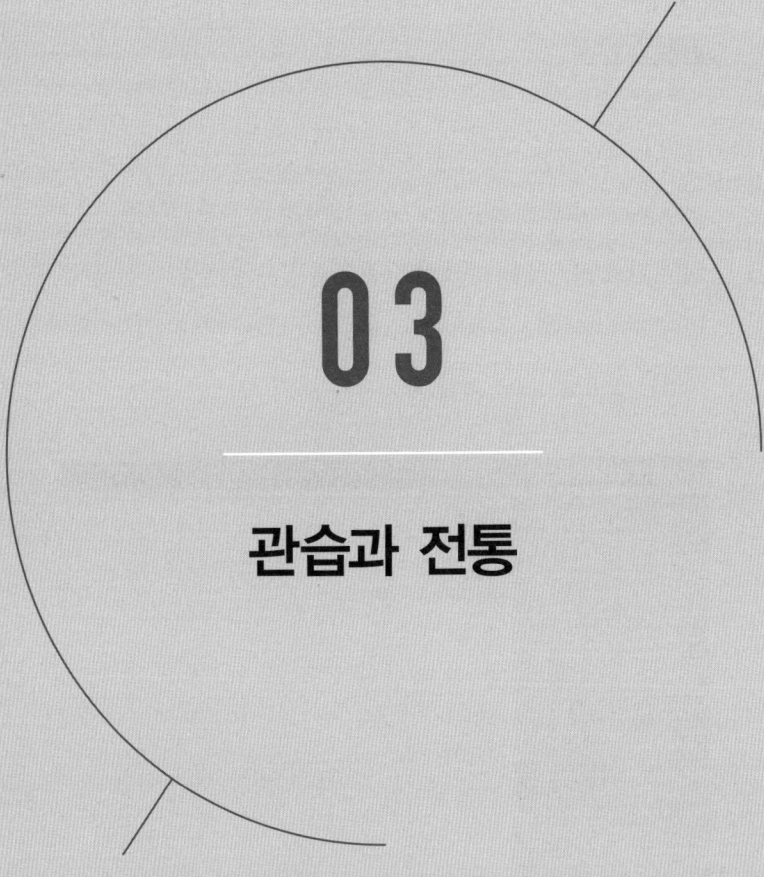

03

관습과 전통

싱가포르는 여러 민족 공동체로 이루어진 다민족 국가이다. 각 민족 공동체마다 따르는 관습과
전통에는 차이가 있으며 자신이 믿고 있는 종교에 영향을 받는다. 크게 중국인, 말레이인, 인도
인으로 나누어 축제, 기념일, 행사, 문화 등에 대해 살펴보고자 한다.

축제와 휴일

축제와 기념행사 즐기기를 좋아한다면 싱가포르가 마음에 꼭 들 것이다. 풍부한 다문화적 유산 덕분에 싱가포르에서는 1년 내내 다양한 축제가 열리는데, 중국 춘절과 중원절, 빛의 축제인 디파발리, 하리 라야 푸아사, 크리스마스 등이 있다. 일부 축제는 공휴일이기도 하다.

싱가포르의 공휴일	
새해	1월 1일
춘절	음력 1월 1일
성(聖) 금요일	4월경(부활절 직전의 금요일)
노동절(근로자의 날)	5월 1일
베삭데이(부처님 오신 날)	음력 4월 15일
독립기념일	8월 9일
디파발리	10월 또는 11월경
하리 라야 푸아사	라마단 마지막 날
하리 라야 하지	라마단 70일 후
크리스마스	12월 25일

【 춘절 】

음력 설로 알려진 춘절은 중국 공동체의 가장 길고 중요한 명절이다. 보통 1월에서 2월 사이 15일 동안 계속된다. 이때는 싱가포르인들의 일상생활이 모두 중지된 것처럼 보이며 중국인 외의 다른 싱가포르인들은 이 기간에 휴가를 떠나는 것이 보통이다. 가는 곳마다 북소리와 심벌즈 소리가 울려 퍼진다. 대부분의 쇼핑몰은 할인행사를 하며 입구 옆에는 번영을 상징하는 귤나무를 세워 놓고 행운을 상징하는 붉은색과 금색으로 장식을 한다. 주된 번화가에는 화려한 등이 줄지어 달려 있고 차이나 타운에서는 유명한 사자춤과 용춤이 펼쳐진다. 홍바오강에서는 불꽃놀이와 거리공연 등 여러 다채로운 행사가 화려하게 펼쳐진다. 하지만 가장 유명한 축제는 아시아의 가장 큰 거리공연인 칭게이 퍼레이드로, 퍼레이드 카, 사자춤, 곡예

사, 아이들, 미인대회 우승자, 다른 지역의 문화행사 등이 특색
을 이룬다.

축제에 앞서 불운을 몰아내기 위해 청소를 하고 중국 본토
의 지역별 특별식을 요리하며 새 옷을 사기 위해 외출하는 등
여러 가지 집안행사가 먼저 벌어진다. 축하행사는 음력 새해
전날 시작된다. 가족들은 성대한 만찬에 참석하기 위해 부모
님 집으로 모이고 자녀는 부모에게 새해인사를 한다. 또 밤새
도록 촛불을 켜두어 조상에게 존경을 표한다. 저녁행사에서는
가족의 정체성과 친밀감이 더욱 돈독해진다. 북과 주전자를
두드리는 떠들썩한 파티가 한밤중에 시작되며 낡은 해를 보내

고 새로운 해를 맞이하기 위해 창문을 열어둔다.

다음 날 아침에는 자녀가 부모에게 차를 대접하는 것이 관례이며 부모는 돈이 들어 있는 붉은색 봉투인 홍바오를 자녀에게 건넨다. 그리고 조상을 기억하고 추모하는 셋째 날을 제외하고, 이후 며칠 동안 가족과 친구들은 서로의 집을 방문한다. 넷째 날에는 보통 사장이 직원을 위해 성대한 만찬을 제공한다.

· 홍바오 주기 ·

우리나라의 축의금(혹은 세뱃돈, 호키엔어로 '앙바로'라고 함)과 비슷한 용도인 홍바오는 아이들과 결혼하지 않은 성년에게 행운을 가져다주는 것으로 알려져 있다. 중국인들에게 홍바오 문화는 매우 보편적으로, 춘절, 생일, 결혼, 아이를 낳았을 때도 홍바오를 주며, 춘절이면 사장이 직원에게 홍바오를 주기도 한다. 적절한 금액은 지인이나 동료에게 미리 물어보는 것이 좋다.

【 베삭데이 】

싱가포르 불교 공동체에 가장 중요한 행사는 음력 4월 15일에 열린다. 이날은 석가모니가 태어나고 깨달음을 얻어 열반에 든 것을 축하하는 날이다. 다양한 불교 종파에서 서로 다른 방식으로 이날을 축하한다. 절에서는 신도가 기도와 명상을 하며 공양하는 동안 사프란 색의 승복을 입은 승려가 경전을 읊는다. 또 석가모니의 가르침에 따라 자비를 베푸는 의미에서 붙잡힌 새와 동물을 풀어주고 가난한 사람에게 구호품을 전달한다. 축하는 촛불을 밝힌 채 거리를 행진하는 것으로 마무리된다.

【 드래곤 보트 축제 】

드래곤 보트 축제는 음력 5월 5일에 열린다. 이날은 기원전 3세기경 중국 전국시대의 존경받는 시인이자 정치가였던 굴원이 황제에게 추방을 당한 후 강에 몸을 던져 생을 마감한 것을 기념하는 날이다. 길고 좁은 드래곤 보트의 생생한 경주가 칼랑 강의 베독 저수지와 마리나 베이 수로 옆의 가든에서 펼쳐진다. 이 경주는 물고기가 굴원의 시체를 먹지 못하도록 결사적으로 노를 저어 나간 어부를 상징하는 것으로 알려져 있다. 그리고 이날에는 찹쌀을 댓잎으로 감싼 음식을 먹는데, 물고기가 굴원의 시체를 뜯어먹지 못하도록 강에 던져준 음식에서 유래했다. 경기 시작 전에는 신의 가호를 빌고 물고기를 깨우며 나중에는 편히 쉴 수 있도록 보트에서 도교 의식을 거행한다.

【 걸신 축제 】

걸신 축제는 음력 7월에 열린다. 이 시기에는 방황하는 죽은 영혼이 지상을 떠돌고 있어 음식과 돈을 선물해 이들을 달래주어야 한다고 알려져 있다. 이 시기는 1년 중 가장 불운한 시기로, 축제기간에는 결혼도 하지 않고 늦은 밤 아이들이 밖을 돌아다니지 않도록 주의를 주며, 건물을 구입하거나 계약을 체결하는 일도 불길하다고 여겨진다. 또 이 시기에는 떠들썩한 행사 등을 크게 열어 죽은 영혼을 달래주는데, 주택가나 공터에 설치된 대형 천막에서 펼쳐지며 첫 번째 줄에는 죽은 영혼이 앉는다고 믿는다. 싱가포르 전역에서 영혼에게 바치는 종이로 만든 돈, 자동차, 집, 휴대전화 등의 고가품을 태우는 모닥불을 볼 수 있다. 대부분의 음식은 재단에 마련되지만 오솔길과 나무 옆에서도 영혼에게 바치는 공물을 종종 발견할 수 있다.

【 독립기념일 】

8월 9일은 싱가포르의 독립기념일로, 수많은 사람이 모이는 마리나 베이의 독립기념일 퍼레이드가 이날의 하이라이트이다. 축하행사로 대통령에 대한 예포 발사와 퍼레이드, 불꽃놀이가 펼쳐진다. 여러 민족 공동체와 학생, 시민단체, 군대 등이 행사에 참여하며 대부분의 주택가 창밖에는 국기가 게양된다. 매년 다른 주제로 행사가 진행되며 몇 주에 걸쳐 사전연습이 이루어진다. 표를 구입해 최종 리허설을 볼 수도 있다.

【등 축제】

1년 중 달이 가장 밝고 둥글다는 음력 8월 15일에 열리는 등 축제에서는 고대 중국의 신화 속 달의 여신인 창어의 전설을 기념한다. 동시에 월병을 먹으며 축하하는 월병 축제도 열린다. 오늘날 월병은 보통 밀가루, 기름, 연밥으로 만든 달콤한 전통 페이스트리에 다양한 재료로 만든 소를 채우며 그 종류가 매우 다양하다. 월병과 관련된 전설 중에는 중국 반란군이 원나

라를 무너트리는 이야기가 있는데, 이 반란군은 월병에 비밀 메시지를 숨겨 보냈다고 한다.

밤에는 아이들이 새와 동물 모양을 한 화려한 빛깔의 등을 들고 행진을 한다. 또 이 축제의 하이라이트는 용춤으로, 춤꾼들이 받치고 있는 거대한 용의 머리와 몸이 거리를 누비듯 나아가며 돈을 모금한다.

【 디파발리 】

빛의 축제인 디파발리 혹은 디왈리는 보통 1년 중 가장 어두운 때인 10월이나 11월에 열리며 힌두교 새해의 시작을 알린다. 축제에서는 크리슈나왕이 악마 나라카수라를 물리친 것을 기념하며 빛이 어둠을, 선이 악에 대해 승리를 거둔 것을 축하한다. 힌두교 가정에서는 이 기간을 함께 즐기며 새해를 맞이하고 새롭게 마음을 다진다. 등불을 밝히고 가족 재단에 재스민 화환을 올리며 가족과 친구들이 서로의 집을 방문한다. 축제가 시작되기 전에는 집집마다 청소를 하고 사람들은 새 옷을 구입한다. 축제기간에는 선물을 교환하며 풍요의 여신 락슈미에게 기도를 올린다. 리틀 인디아에는 화려한 등불이 걸리고 사원에서는 기도를 올린다.

【 하리 라야 푸아사 】

이슬람교의 라마단이 끝나는 날로, 이슬람교도는 해가 떠 있는 동안은 먹지도 마시지도 않는 한 달 동안의 라마단 단식이 끝나는 것을 축하한다. 단식이 끝나면 청소를 하고 새 옷을 구입하며 성대한 만찬을 준비하는 것으로 축제를 시작한다. 야자수 잎을 엮어 안에 쌀을 넣고 찐 끄뚜빳, 바나나 잎으로 쌀을 둥글게 말아 찐 론통, 언제나 인기 많은 나시 파당을 주로 먹는다. 나시 파당은 말린 소고기나 닭고기를 넣은 카레의 일종인 렌당에 다른 요리와 곁들어 제공되는 찐 밥이다.

축하는 3일 동안 계속되며 말레이 공동체의 문화 중심지인 게일랑 세라이에서는 말레이 전통 노래와 춤, 길거리 음식, 활기찬 바자회가 열려 즐거운 시간을 보낼 수 있다. 가족들은 가장 좋은 옷을 차려입고 초록색 봉투에 돈을 넣어 아이들에게 주며 가족이나 친구의 집, 사원을 방문한다.

【 크리스마스 】

매년 11월 말에서 1월 1일 사이 싱가포르에서는 열대 지방의 크리스마스를 축하한다. 오차드 로드와 마리나 베이는 거대한

아치형의 조명으로 밝게 빛난다. 크리스마스트리가 쇼핑몰을 장식하고 상점의 쇼윈도는 화려하게 꾸며지며 여러 행사와 할인을 제공한다. 밤에는 오차드 로드를 따라 합창단 공연과 퍼레이드가 펼쳐지고, 센토사섬에서는 인기 있는 주크아웃 댄스 파티가 열리며 가든스 바이 더 베이에서는 크리스마스 원더랜드 축제를 경험해볼 수 있다.

기독교 가정은 자정 미사에 참석하고 전통적인 크리스마스 저녁을 함께 먹지만 크리스마스를 즐기는 방식은 지역과 문화에 따라 다양하다.

[새해 전야]

싱가포르 최대의 새해맞이 카운트다운 파티는 12월 31일 마리나 베이에서 열린다. 이곳에서는 축제 분위기가 펼쳐지며 자정을 알리는 소리로 시작하는 불꽃놀이를 보기 위해 인파가 모여든다. 따로 파티를 열거나 포트 캐닝 공원과 마운트 페이버 공원에 가지 않는 사람들은 원 알티튜드 루프톱 바나 풀러턴 호텔 등에 모여 화려한 색으로 반짝이는 싱가포르의 도시를 감상한다.

중국의 음력

서양화가 많이 이루어졌지만 중국계 싱가포르인들은 중국의 점성술을 포함해 여전히 많은 전통적인 믿음에 영향을 받는다. 이런 믿음은 출생과 결혼 등 인생에서 중요한 결정에 영향을 미친다.

중국 음력은 60년을 주기로 순환하며 이 60년은 12년을 기준으로 5개의 작은 주기로 나뉜다. 각각의 해는 개의 해 혹은 원숭이의 해같이 중국 띠에 나오는 동물의 이름을 따라 해의 이름이 정해진다. 60년의 주기에서 첫 해와 60세가 되는 해의 생일을 가장 중요한 날로 여겨 축하하며 이날을 새로운 인생을 시작하는 때로 본다.

생일

【 중국인 】

아기가 태어나고 처음 30일은 산모의 자궁이 열려 있어 차가운 공기가 몸으로 들어갈 수 있다고 한다. 그래서 중국인 산모는 외출이나 샤워 혹은 목욕이 금지된다. 식단은 고기, 달걀, 동물의 간이 포함된 양기를 보충해주는 음식으로 구성되며 음기가 강한 음식은 금지될 수 있다. 전통적으로 산모는 특별히 마련된 국이나 돼지의 발과 닭을 넣어 만든 탕을 먹는다.

아기가 태어난 지 한 달이 되는 날에는 아기의 탄생을 축하하는 행사를 열며 여타 모든 중국 축제에서와 마찬가지로 음식에 관심이 집중된다. 수많은 가족과 친구들이 행사에 초대되고 출산을 축하하는 붉게 물들인 삶은 달걀을 손님에게 준다. 그 답례로 손님은 보통 행운을 나타내는 붉은색, 분홍색, 금색, 주황색의 아기 옷 한 벌을 선물한다.

【 말레이인 】

중국, 인도 공동체와 마찬가지로 현재 대다수의 말레이인 아기는 병원에서 태어나며, 따라서 아기의 출생과 관련한 여러 전통적인 말레이 관행을 포기해야 했다. 아기의 이름은 이미 행정 당국에 등록되어 있겠지만 출생 후 44일이 되는 날 정식으로 부여된다. 종교의식은 집에서 열리며 종종 파티가 이어지기도 한다. 아기에게 주는 선물의 색은 어떤 색이든 문제가 되지 않으며 몇몇 사람은 봉투에 돈을 넣어 건네주기도 한다.

모든 힌두교 가정의 아기는 출생 시 브라만 성직자가 봐준 별점을 갖게 된다. '쿤들리'라고 알려진 이 별점은 아기의 삶에서 중요한 행사가 있을 때마다 참고한다. 탄생을 축하하는 행사는 아기가 태어난 지 28일째 되는 날 열리고 이때 아기의 아빠가 아기의 귀에 이름을 속삭인다. 그러고 나서 엄마가 아기를 데리고 사원을 방문해 무사히 출산한 것에 대해 감사의 기도를 하고 아기의 머리를 처음 깎는다. 일반적인 선물은 장난감과 밝은색의 아기 옷이다. 그러나 하얀색은 피하는 것이 좋다.

결혼

【 중국인 】

싱가포르에서 결혼식은 거창하게 치러지지만 조상의 종교에 따라 각기 다른 전통을 따른다. 오늘날 중국인 신부는 낮에는 서양의 전통적인 하얀 웨딩드레스를 입고, 저녁에 열리는 결혼피로연에서는 붉은색이나 분홍색의 드레스로 갈아입는 경우가 많다. 결혼식은 말끔하게 차려입은 신랑이 신부를 데려

가기 위해 붉은색과 분홍색으로 공들여 장식한 자동차를 타고 신부가 있는 곳에 도착하면서 시작된다. 그리고 신부를 태워 새로운 가족이 될 신랑의 집으로 간다. 신랑신부는 우선 집의 수호신에게 기도를 올리고 조상에게 경의를 표한다. 다음으로 서로에게 차를 대접하는 시간을 가진 후 신랑의 부모에게 축하의 차 한 잔을 올린다. 집안의 가장인 신랑의 아버지가 첫 번째로 조금 마시고 다음으로 어머니가 마신다. 이렇게 신부는 새로운 가족으로 받아들여진다. 다음으로 신랑의 가족이 신부에게 홍바오를 준다. 그곳에 모인 신랑의 친척들은 가족 안에서 자신의 위치에 따라 차례대로 차를 대접받고 또 신부에게 차를 대접해 환영한다. 이후 신부의 집으로 이동해 비슷한 절차를 수행한다.

결혼피로연은 초대하는 하객 수와 접대하는 음식의 가짓수 면에서 성대하게 치러진다. 신랑신부는 하객이 앉아 있는 자리를 돌아다니며 함께 술잔을 건배한다. 일부에서는 낮에 피로연을 여는 것을 선호하는데, 형식이 간소하고 보통은 비용이 더 적게 들며 하객이 식사 후 춤을 추거나 즐길 수 있기 때문이다.

결혼식이 끝나 갈 무렵 신랑신부는 가족, 친구들과 함께 탁자나 무대 주변에 모여 건배를 한다. 이때 잔을 들어 올리며 "얌셍Yam seng!"을 목청껏 세 번 외친다. 첫 번째는 행복한 결혼을, 두 번째는 영원한 사랑을, 세 번째는 다산을 기원한다.

중국인의 결혼식에 참석할 때는 신부와 똑같은 붉은색의 옷을 입어서는 안 된다. 홍바오는 싱가포르 달러로 10달러짜리보다는 20달러짜리 지폐를 여러 장으로 주며 88달러같이 8*로 끝나는 액수를 넣는다. 13이나 4는 불길한 숫자이므로 이 숫

---

* 중국에서는 숫자 8의 발음 '바(ba)'가 '큰돈을 벌다'라는 뜻의 단어 '파차이(fa cai)'의 '파(fa)'와 비슷해 숫자 8을 좋아한다. ─옮긴이

자들이 포함된 액수의 축의금을 주어서는 안 된다. 지폐는 신권으로 넣는 것이 일반적이다.

【말레이인】

말레이인의 결혼식 역시 다채롭고 화려하며 보통 토요일 저녁과 일요일에 진행된다. 결혼식을 올리기 이틀이나 사흘 전 베리나이berinai 의식을 수행하는데, 신랑의 손과 발을 헤나염료로 색칠한다. 토요일에 신부는 집에서 기다리고 집은 실크와 새틴 벽걸이, 구슬장식 쿠션, 정교하게 수놓은 덮개로 화려하게 꾸며져 있다. 신부는 결혼식의 여왕이며 신랑과 그의 가족은 밖에서 참을성 있게 기다려야 한다. 이슬람 정부에서 허가한 관리인 카디는 신랑신부에게 각각 말을 걸어 양쪽 모두 결혼에 동의하면 혼인신고서에 서명한다. 그런 다음 신랑은 신부에게 두이트 한타란duit hantaran 혹은 축의금을 주는데, 액수는 가족의 재산에 따라 정해진다. 이 행사가 끝나면 『코란』 낭독과 함께 결혼식이 시작되고 신랑은 결혼서약을 하고 신부에게 마흐르*를 준다. 마흐르는 종교적 의무이며 현금에서 집까지 무엇이든 줄 수 있다. 신랑은 마흐르를 다시 돌려받을 수 없다.

---

* 신랑이 신부에게 주는 결혼정약금이다. ─옮긴이

　이제 법적으로 결혼을 했지만 신랑신부는 보통 결혼식 다음 날에 열리는 베르산딩이나 대례에 참석한 후 함께 살기 시작한다. 베르산딩은 결혼식의 공식행사로 신부의 집에서 열린다. 오늘날 싱가포르에서 베르산딩은 보통 주택개발청의 공공주택 단지 입구에 조경해 놓은 구역이나 신부가 사는 단지의 넓은 엘리베이터 로비에서 열린다. 손님을 위한 대형 천막과 신랑신부를 위해 화려하게 장식된 자리가 만들어진다. 신랑신부는 왕과 여왕으로 군림하는데, 신부는 웃지 않고 눈을 아래로 향한 채로 앉아 겸손함과 예의를 보인다. 손님은 장미 꽃

잎과 사프란 밥을 신랑신부의 손바닥에 뿌리며 풍요로운 삶을 살기를 기원하고 그 답례로 초콜릿이나 컵케이크를 받는다. 마지막으로 신랑신부가 자리에서 내려오고 나면 전통적인 피로연이 펼쳐진다. 일부 커플은 호텔에서 서양식 연회를 열어 직장동료를 접대하기도 한다. 이 경우 신부는 서양식 하얀 웨딩드레스를 입는다.

말레이인의 결혼식에 참석하는 하객은 보통 결혼식에 알맞은 단정한 캐주얼 차림을 하는데, 여성은 보수적인 옷차림을 해야 한다. 선물을 할 필요는 없지만 싱가포르 달러로 50달러 정도의 축의금은 결혼을 축복하는 의미로 환영받는다. 초록색 봉투(붉은색 봉투도 허용됨)에 돈을 넣어 신랑신부의 부모 중 한 명에게 주거나 축의금함에 넣는 것이 일반적이다.

【 인도인 】

힌두교 결혼식은 전통적으로 몇 시간 동안 진행되지만 일부 신랑신부는 좀 더 간소한 식을 선택한다. 주된 의식은 신랑신부가 사제가 지켜보는 가운데 순결을 상징하는 신성한 불 주위를 세 번 걸은 다음 신랑이 금목걸이를 신부의 목에 걸어주는 것이다. 이 금목걸이는 결혼반지와 같은 것이며 이 부분에서 나쁜 악령의 접근을 막기 위해 종을 울리고 고함을 치며 성가를 부르는 소리로 주변이 시끌벅적하다. 이후 사리를 입고 금으로 된 장신구를 착용한 화려한 차림의 하객이 노란색 쌀을 이제 막 결혼한 신랑신부에게 던지고 돈이나 보석을 선물로 준다. 인도계 기독교인이 교회에서 결혼할 때도 신랑이 금목걸이를 신부의 목에 걸어주는 일은 결혼식의 중요한 부분이다.

힌두교 결혼식은 다채롭고 이국적이다. 하객은 단정한 캐주얼 차림을 하는 것이 적절하다. 또 돈을 선물로 주는 것은 의무는 아니지만 보통 피로연 비용에 해당하는 축의금을 내며 축의금함에 넣거나 신랑신부에게 직접 건네준다.

장례

【 중국인 】

중국인의 장례식은 매우 체계적이고 의례적 행사로, 시신을 화장하기 전 최대 7일 동안 거행할 수 있다. 첫 번째 의식은 고인을 씻으면서 시작된다. 고층 아파트 단지에서 사망하면 계단을 통해 시신을 아래로 옮겨야 하며 방부 처리와 관에 안치하는 과정은 아파트 단지 아래의 개방된 장소에서 이루어진다. 이곳으로 조문객이 모이고 부유한 집에서는 때때로 조문객을 추가로 고용하기도 한다. 조문객에게는 음식과 음료가 제공되고 이들은 둘러앉아 마작을 한다. 밖에서 모이게 되면 음악을 크게 틀어 나쁜 기운과 동물이 가까이 오지 못하게 한다.

외국인의 경우 싱가포르인 친구나 동료에게 경야에 참석하는 것이 적절할지 물어보는 것이 좋다. 경야에서 지켜야 할 예법은 열려 있는 관 앞을 줄지어 지나가는 것이다. 그런 다음 유가족에게 조의를 표하고 일반적으로 장례식 비용에 도움을 주고자 작은 선물을 한다.

장례식 마지막 날 조문객은 고인이 남성이면 호랑이, 여성이면 황새 상징이 있는 밝은색의 승합차를 따라 대열을 이루어 출발한다. 중국에서 호랑이는 힘과 용기를 상징하며 하얀 호랑이는 무덤의 수호신이다. 황새는 사람을 천국으로 인도하는 신의 전령이자 미덕의 상징이다. 행렬은 보통 유가족의 뒤를 이어 화려한 복장을 한 음악가와 영구차가 그 뒤를 따른다. 유가족은 상복 천으로 만든 머리띠를 두르고 짚신을 신는다.

시신은 보통 화장을 하는데, 싱가포르의 높은 인구밀도의 현실을 반영한 것이다. 장례를 마치고 나면 고인에게 다음 생에 필요한 물건을 주는 중요한 행사가 이어진다. 전통적으로 이런 물건은 시신과 함께 매장하지만 오늘날에는 종이로 만든 집, 자동차, 휴대전화를 형식적으로 묻는다. 이 모든 일이 끝나면 벌어지는 파티에서 성대하게 차려진 음식을 나눠 먹는다.

【 이슬람교도 】

이슬람교도가 사망하면 종교 지도자인 이맘을 집으로 부른다. 고인의 머리가 메카를 향하도록 놓고 가족은 고인을 깨끗이 씻은 다음 하얀 천을 그 위에 두른다. 이슬람교의 전통에 따르면 시신은 사망 후 12시간 안에 매장해야 하며 그 전까지는 이맘이 기도문을 암송하는 가운데 고인의 곁을 지킨다. 끝으로 시신을 여러 겹의 천으로 감싸는데, 마지막에는 이음매가 없도록 해 모스크로 데려가거나 묘지에 바로 매장한다.

【 인도인 】

인도 공동체에서는 사망한 사람이 힌두교도이면 고인을 깨끗이 씻긴 후 눈이 감기도록 은화를 두 눈 위에 놓고 나무관에 안치한다. 관의 양옆에는 2개의 석유 램프를 놓고 고인의 손자가 불이 켜진 초를 들고 주위를 천천히 이동한다. 장례식은 집에서 거행되며 장례가 끝나면 바로 화장을 한다. 고인에 대한 존경의 표시로 집에서는 고인이 사망한 후 40일 동안 석유 램프를 계속 켜둔다.

【 매장과 화장 】

싱가포르에서는 땅을 구하기가 매우 어려워 매장은 더 이상 선택지가 아니다. 가장 오래된 중국인 공동묘지인 부킷 브라운이 새로운 고속도로 건설로 인해 철거되고 있는 가운데 묘지에서 고인을 추모하는 중국의 전통문화가 자취를 감추고 있다. 실제로 대부분의 싱가포르 공동묘지는 이미 사라졌고 현재는 마지막으로 남아 있는 초아 추 캉에 15년 동안 묘지를 임대할 수 있다. 싱가포르 환경청NEA에서는 생태적으로 더 나은 방법으로 내륙에 유해 뿌리기를 허용하고 있다.

선물

일반적으로 사람들은 결혼식, 크리스마스, 춘절이면 서로 선물을 주고받는다. 기억해야 할 것은 각 기념일에 걸맞은 선물을 해야 한다는 사실이다. 보잘것없는 선물을 주는 것보다는 아무런 선물도 하지 않는 편이 더 낫다.

선물은 포장해서 주어야 하며 포장하지 않은 채 미안하지만 포장할 시간이 없었다라고 하며 선물을 주는 것은 상대방에게 무례하게 비추어질 수 있다. 싱가포르에서는 선물을 하는 마음뿐 아니라 선물을 주는 방식 역시 중요하다. 포장하지 않은 선물은 받는 사람에 대한 당신의 마음을 나타내기 때문이다. 즉, 상대방이 선물을 포장해서 줄 정도로 중요한 사람이 아니라는 의미이다. 당신이 무엇을 선물하고 어떻게 선물하는지 모두 중요하다.

【 중국인 】

중국인들은 수많은 미신을 믿어 특정한 색, 숫자, 일상용품은 행운 혹은 불운을 상징한다. 건물과 인테리어는 풍수의 원리에 따라 설계하고 배치해야 한다. 예를 들어 조화를 유지하기 위해 날카로운 모서리가 있어서는 안 된다. 붉은색, 분홍색, 금색은 행운, 건강, 부, 행복과 관련이 있고 하얀색, 파란색, 짙은 남색, 검은색은 애도와 관련이 있다. 마찬가지로 조화를 이루는 짝수는 바람직한 숫자로 선호되지만 홀수는 외로움과 불균형을 나타낸다. 예외적으로 숫자 4는 중국어에서 '죽음'을 뜻하는 '쓰si'와 발음이 비슷해 불길하게 여겨진다.

밸런타인데이에 주는 꽃다발을 제외하고는 꽃은 병, 죽음과 관련이 있기 때문에 중국계 싱가포르인은 꽃을 주지 않는다. 출산을 한 산모에게 꽃을 보내서는 안 되며 황새 상징물은 여성의 장례행렬을 장식하므로 황새가 그려진 카드를 보내서도 안 된다.

시계를 선물해서도 안 된다. 중국어에서 '시계를 선물하다'라는 '쏭중song zhong'과 '장례를 치르다'라는 '쏭중song zhong'의 발음이 비슷하기 때문이다. 선물해서는 안 되는 또 다른 물건으로는 손수건과 주머니칼 같은 날카로운 물건 등이 있다.

【 말레이인 】

말레이인의 대다수가 이슬람교도라는 사실을 항상 기억해야 한다. 중국인 동료가 받으면 기뻐할 술은 말레이인에게 반감을 불러일으킬 것이다. 마찬가지로 알코올이 포함되어 있는 향수를 여성에게 선물해서는 안 되고 돼지의 가죽으로 만든 모든 제품도 주면 안 된다. 결혼식에 참석할 경우 다기세트나 칼을 제외한 주방용품 등은 안심하고 줄 수 있는 선물이다. 선물은 결혼용 전통 포장지나 붉은색 종이로 포장할 수 있다. 말레이인들은 축의금을 받으면 항상 고마워하지만 큰 금액을 기대하지는 않는다.

보통 출산한 여성에게는 선물을 하지 않지만 선물을 주고 싶다면 언제나 환영받는 과일바구니가 적절하다. 산모의 집을 방문할 때는 아기 옷이나 장난감 같은 아기를 위한 선물을 가져가는 것이 관례이며 개를 데려가면 안 되는 것을 반드시 명심해야 한다.

【 인도인 】

인도인의 결혼식에서 약간의 돈을 홀수로 맞추어 주는 것은 행운을 기원하는 의미가 있다. 가장 좋은 금액 구성은, 예를 들어 싱가포르 달러로 51달러를 다섯 장의 10달러짜리 지폐에 1달러짜리 지폐 한 장을 더하는 것이다. 선물을 받는 사람이 힌두교도이면 소고기식품이나 가죽으로 만든 모든 제품을 조심해야 한다. 또 푸루메리아 꽃을 선물하거나 이 꽃으로 집을 장식해서도 안 된다. 인도 공동체의 장례식 화환에 사용하는 꽃이기 때문이다.

새로 태어난 아기에게 금팔찌 같은 금을 선물하는 일은 흔하며 아기 옷과 장난감 역시 적절한 선물이다. 그리고 다시 강조하지만 이슬람교 가정이라면 개를 데려가서는 안 된다.

04

가정생활

과거 중국, 말레이시아, 인도에서 그랬던 것처럼 싱가포르에서 3대가 한지붕 아래 함께 사는 형태는 이제 찾아보기 힘들지만 대가족에 대한 믿음은 아직도 강하게 남아 있다. 가족은 사회의 가장 중요한 구성단위이다. 가족을 통해 종교적 관행과 전통적 가치관이 다음 세대로 전해지며 개인의 문화적 정체성을 잃지 않을 수 있다.

사회와 가족관계

과거 중국, 말레이시아, 인도에서 그랬던 것처럼 싱가포르에서 3대가 한지붕 아래 함께 사는 형태는 이제 찾아보기 힘들지만 대가족에 대한 믿음은 아직도 강하게 남아 있다. 모든 민족 공동체에서 가족은 사회의 가장 중요한 구성단위이다. 가족을 통해 종교적인 관행과 전통적 가치관이 다음 세대로 전해지면서 개인의 문화적 정체성을 잃지 않을 수 있다. 학교를 선택하는 경우, 미래의 배우자 혹은 사업이나 취업문제를 결정하는 경우에도 결과적으로 가족의 동의 없이 이루어지는 결정은 거의 없다.

싱가포르는 처음 시작부터 헌법에서 남성과 여성의 동등한 권리를 인정했지만 본질적으로 싱가포르는 가부장적 사회이다. 현대의 싱가포르 가족을 이해하려면 영화 〈일로 일로Ilo Ilo〉를 추천한다. 앤소니 첸이 감독한 이 영화는 2013년 칸국제영화제에서 싱가포르 영화 최초로 황금카메라상을 수상했다. 1997년 아시아 금융위기를 배경으로 개인적 문제와 재정문제로 분투하는 중산층 가정의 삶이 시간의 흐름에 따라 펼쳐진다.

아이들

싱가포르에서 공개적인 애정표현은 사람들의 눈살을 찌푸리게 하지만 아기와 어린이에게는 예외이다. 아낌없이 사랑받는 아기와 어린이의 모습이 외국인에게는 종종 부모가 지나치게 응석을 받아주는 것처럼 보이기도 한다. 승리와 좌절을 경험하는 현실은 학교에 입학하고 나서부터 시작된다. 이때부터는 규율이 강화되고 체벌도 허용된다.

부모는 교육이 자녀의 더 나은 미래를 위한 수단이라고 생각하고 싱가포르 정부 역시 교육을 국가 발전의 핵심으로 여긴다. 따라서 학생은 열심히 공부하고 과제를 수행하는 데 시

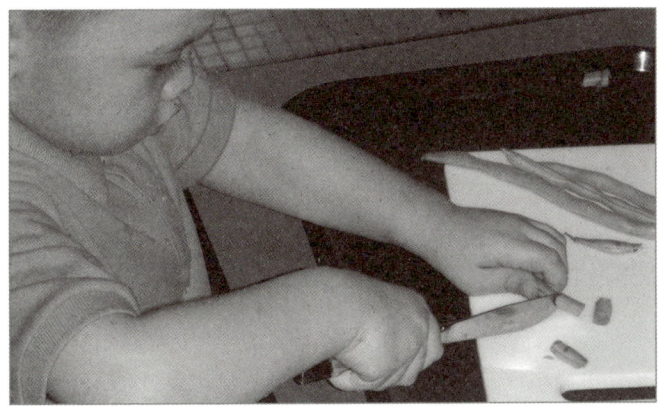

간을 투자해야 한다. 학교에서는 모든 학생이 영어를 배우며 중국계 싱가포르인의 대다수 아이들은 영어와 중국어로 모두 대화할 수 있다. 독립 후 처음 몇 년 동안 많은 중국인 부모는 의무적으로 영어를 배워야 한다는 것에 반대했지만 이제 영어는 경제적 성공의 도구일 뿐 아니라 전 민족의 공통된 언어가 될 수 있다는 사실 때문에 반대할 이유가 없다.

생활양식과 주택

소수의 매우 부유한 싱가포르인이 자신 소유지의 호화주택에 사는 것은 사실이지만 싱가포르인들의 80% 이상은 임대나 구입이 가능한 고층의 주택개발청 아파트에 산다. 이 아파트는 비교적 작고 생활의 많은 부분이 아파트 아래에 있는 공터, 공원, 거리, 식당, 카페 등의 실외에서 이루어진다.

부유한 싱가포르인이 수영장과 스쿼시 코트가 갖추어진 호화로운 개인아파트를 선호하면서 이런 지역의 집값은 눈에 띄게 상승했다. 부동산 거품을 없애기 위해 정부는 주택 구입에 대한 세금을 올렸지만 외국인이 오차드 로드 주변의 인기 있는 지역에 아파트를 구입하면서 집값 상승에 또다시 기여했다.

초대

【 선물 】

초대받은 손님이 가져간 선물은 언제나 환영받는다. 하지만 말레이계와 인도계 이슬람교도는 술을 마시지 않고 담배 피우는 것을 싫어한다는 점을 기억해야 한다. 사탕이나 케이크가 안전한 선물이 될 수 있다. 중국인의 집을 방문한다면 앞서 살펴본 금지된 선물목록을 참고하도록 한다(100~104쪽 참조).

【 예절 】

싱가포르인 가정(세 공동체 모두)에 초대받아 집안에 들어설 때는 신발을 벗는 것이 예의이다. 옷은 단정하게 입어야 하며 날씨가 덥고 습하더라도 반바지나 노출이 많은 옷은 자제하는 것이 좋다.

말레이인 가정에 초대를 받았다면 바닥에 앉아야 하는 경우가 있다. 이 경우 발바닥이 타인을 향하도록 앉는 것은 무례하다고 여겨지므로 남성은 책상다리를 하고 여성은 발을 안으로 접어 옆으로 앉아야 한다. 소파나 의자에 앉게 되면, 특히 연장자 앞에서 다리를 꼬고 앉는 것은 무례하게 보인다.

아이와 관련해 조심해야 할 점은 유아나 어린이의 머리를 쓰다듬지 않는 것이다. 말레이인과 인도인은 머리를 신성하게 여기므로 절대 만져서는 안 된다. 또 말레이인이나 인도인 가정에서 음식을 먹을 때, 악수를 할 때, 선물을 건네줄 때는 왼손을 절대 사용해서는 안 된다. 왼손은 몸을 청결히 하는 데 사용해야 하므로 불결하게 여겨진다.

중국, 말레이, 인도 이 세 공동체에서는 손님이 아무리 짧은 시간을 머물러도 가벼운 다과를 제공하는 것이 전통이며 다과를 거절하는 일은 실례가 될 수 있다. 또 저녁식사에 초대받게 되면 싱가포르인들은 일찍 잠자리에 들고 일찍 일어난다는 사실을 기억하는 것이 좋다. 그래서 집주인을 보며 언제 떠나야 할지 살펴야 한다. 손님은 저녁식사 후에 계속 머무르지 않고 자리를 뜨는 편이다.

【 공과 사의 구분 】

싱가포르인들은 공과 사를 명확히 구분한다. 대화 중 외국인이 자신도 모르게 가까운 개인적 관계나 가족, 감정, 이성, 성적인 문제 등을 언급하면 싱가포르인들을 난처하게 만들 수 있다. 또 공공연한 애정표현에 눈살을 찌푸리며 친한 이성친구와의 포옹과 키스는 하지 않는다. 종교와 정치에 대해서는 가급적 토론하지 않으며 농담이 항상 잘 통하는 것은 아니다.

인사

중국인은 종종 손을 살짝 맞잡고 부드럽게 악수를 한다. 또 나이가 많은 중국인 남성이 환영의 의미로 젊은 친구의 팔을 어루만지는 모습도 볼 수 있다.

말레이인들에게는 '살람'이라는 인사법이 있다. 두 손을 내밀어 인사를 받는 사람이 내민 손을 가볍게 잡고 나서 한 손 혹은 두 손을 가슴으로 가져가는 전통적인 인사법이다. 당신을 초대한 사람이 당신이 외국인이라는 것을 알고 편히 대해 주려는 마음에 악수를 청할 수도 있지만 이 경우에도 동성과만 악수한다. 말레이인 남성과 여성은 이성과의 신체접촉을 하지 않는다는 점을 명심해야 한다.

마찬가지로 인도인들도 여성은 다른 여성과 악수하고 남성도 다른 남성과 악수를 하지만 이성 간에는 서로 악수하지 않는다. 인도의 전통적인 인사로, 합장한 두 손을 가슴 중앙에 모아 허리를 굽혀 "나마스테Namaste."라고 말하며 정중히 인사하면 된다.

하지만 이런 인사법들은 기성세대와 독실한 신자만이 엄격히 따르고 있다. 싱가포르의 젊은 세대는 서양식 태도를 받아들이고 있으며 국제적인 비즈니스에서 가벼운 악수는 가장 흔한 인사법이다(185쪽 참조).

애정표현

싱가포르의 모든 민족 공동체는 연륜을 존중하며 연장자에게 예의 바르게 행동하기를 기대한다. 그 연장자가 처음 보는 낯선 사람이라도 예의 바르게 행동해야 한다는 사실은 변함없다. 앞서 언급했듯이 나이가 많은 싱가포르인은 이성과 접촉하거나 공개적인 애정표현을 불편하게 느낄 수 있다. 따라서 주변 사람들이 하는 행동을 잘 살펴 적절한 사회적 거리를 유지하는 것이 좋다. 그리고 이런 애정표현은 형식에 크게 구애받지 않고 서양식으로 표현하는 데 더 익숙한 젊은 세대에게는 해당하지 않는 사항이다.

연애

과거 싱가포르의 세 민족 공동체에서 결혼은 매우 중요한 일로 여겨졌으며 연애를 통한 결혼은 어려웠다. 그러나 이제는 연애를 통한 결혼은 점차 흔해지고 있다. 싱가포르의 젊은 세대는 여러 데이팅 웹사이트와 앱을 이용하며 첫 데이트에서 남자가 돈을 내야 하는지, 각자 내는 것을 받아들여야 하는지 소셜 미디어에서 토론한다. 일부 사람은 쉽게 새로운 사람을 만나는 것에 대해 눈살을 찌푸리기도 하지만 가볍게 즐기는 데이트는 공개된 것보다 더 흔하게 일어난다. 물론 부모는 이런 행동에 반대하며 학생은 공부하는 데 시간을 보내야 하므로 데이트를 하지 못하게 하기도 한다.

이런 시대적 흐름에도 불구하고 말레이와 인도 공동체에서는 여전히 중매결혼이 이루어지며 비슷한 배경을 가지고 서로의 성격을 보완할 수 있는 배우자를 찾는 일은 자녀를 잘 알고 있는 부모가 맡아서 한다. 일부 인도인 가정에서는 여전히 상대방의 계급을 고려한다.

싱가포르의 국제결혼 비율은 2006년 15%에서 2017년 21.5%로 증가했다. 국제결혼이 증가한 가장 큰 요인은 고등교

육과 직장에서 여러 민족이 함께 어울리는 특성 때문이다. 하지만 선호하는 경향에는 차이가 있다. 중국인 가정은 자녀가 백인과 데이트하는 것을 더 좋아하지만 말레이인과 인도인 가정에서는 중국인을 선호한다. 반면, 연구에 따르면 싱가포르인들은 문화적 관습을 공유하려 하지 않는 경향이 있으며, 그래서 가령 중국계 싱가포르인이 할랄식품*과 이슬람 여성이 머리에 두르는 스카프, 개를 만지는 것을 금지하는 등의 말레이 관습을 제대로 인식하지 못하기도 한다고 지적한다.

싱가포르를 방문할 때는 서로 다른 문화적 차이를 인식하고 천천히 받아들이는 일이 중요하다.

---

* 코란에 따라 이슬람교도가 먹을 수 있는 음식이다. —옮긴이

병역

16.5세가 되면 모든 싱가포르인 남성은 2년 동안의 병역의무를 이행하기 위해 등록해야 하고 40세까지 병역의무를 연기할수 있다. 학업을 이유로 병역을 연기하면 학업을 마칠 때까지 징병유예를 받을 수 있지만 병역의무를 회피하려는 모든 시도는 법의 처벌을 받을 수 있다. 싱가포르 정부는 병역의무가 강인한 성격을 만들고 리더십 능력을 개발하는 데 매우 중요하다고 여긴다. 동시에 사회의 다른 계층이 함께 어울리며 국민적 자부심을 느낄 수 있은 이상적인 기회라고 생각한다.

호칭

싱가포르의 세 민족 공동체는 부르는 방식이 모두 다르다. 사회적으로 점차 격식을 크게 따지지 않는 추세이지만 개인의 이름과 직함을 정확하게 사용하는 것이 바람직하다. 하지만 이름과 직함을 정확히 부르는 일이 복잡할 수 있으므로 확실하지 않은 경우에는 현지인에게 조언을 구하는 것이 좋다.

일반적으로 누군가를 소개하거나 형식적인 모임에서는 가령 '이 사장님'같이 성이나 이름을 먼저 말한 다음에 직함을 사용하는 것이 관례이다. 직함은 보통 상급자에게 사용하며 동등한 위치이거나 지위가 낮은 사람에게는 사용하지 않는다. 싱가포르의 많은 젊은이는 일상생활에서 '루시'나 '브라이언 왕' 같은 서양식 이름을 사용하지만 대다수의 싱가포르 기성세대에게는 해당하지 않는 사항이다.

【 중국인 】

중국인이 생각하는 가족의 중요성을 고려해보면 성이 앞에 나오는 것을 이해할 수 있다. 예를 들어 한 남성의 성이 '왕'이면 사람들은 그를 '왕 씨'라고 부른다. 그리고 왕 씨는 '촉유'라는 두 글자의 이름을 가지고 있다. '촉'이라는 이름은 가족 내 같은 세대의 모든 아들에게 주어지는 이름이고 '유'는 그의 개인 이름이다.

공적인 상황에서는 성 앞에 미스터나 미스, 마담을 붙여 부르는 것이 좋다. 친구 사이에는 이름을 부르고 비즈니스 상황에서는 상대방이 부르는 호칭을 듣고 힌트를 얻는 것도 좋은 방법이다.

전통적으로 중국인 여성은 남편과 같은 혈족이 아니기 때문에 결혼을 한 후에도 아버지의 성을 그대로 사용한다. 때때로 자신과 남편의 성을 함께 사용하기도 한다. 또 외국계 기업에서 일한다면 남성과 마찬가지로 서양식 이름을 사용할 수도 있다.

중국인도 서양식 이름에 곤혹스러워하기는 마찬가지이다. 누군가의 이름이 '로버트'인데 갑자기 그를 '밥'이라고 부르거나 '알렉산드라'를 '산드라'라고 부르는 소리를 듣게 되면 어리둥절할 것이다. 어색한 상황을 피하려면 처음부터 어떻게 부르면 좋을지를 상대방에게 말해주는 것이 좋다.

【 말레이인 】

말레이인 남성은 아버지의 이름을 자신의 이름 뒤에 붙이고 가운데 '빈^{bin}'이라는 단어를 사용하는데, '~의 아들'이라는 뜻이다. 그래서 가령 '알리 빈 오스만'의 경우 '오스만의 아들 알리'라는 뜻이다.

마찬가지로 여성은 '~의 딸'이라는 뜻의 '빈티^{binti}'를 사용한다. 그래서 '파티마 빈티 오스만'은 '오스만의 딸 파티마'라는 뜻이다. 친구들은 그녀를 파티마라고 부르고 좀 더 공적인 호칭으로 '부인, 여사'라는 뜻의 '푸안 Puan'을 붙여서 '푸안 파티마'라고 부르기도 한다. 중국과 인도 공동체와 마찬가지로 일부 결혼한 말레이인 여성은 서양식으로 남편의 이름을 사용한다.

【 인도인 】

대다수의 인도계 싱가포르인들의 선조는 타밀 나두 출신으로, 이곳에서는 성을 사용하지 않는다. 대신 이들은 자신의 개인 이름 앞에 아버지 이름의 첫 글자를 사용한다. 예를 들어 '라드히카'라는 여성은 자신을 '엠 라드히카'라고 부르는데, M은 그녀 아버지의 이름인 '무루지슨 Murugesan'의 첫 글자이다.

모든 인도계 싱가포르인이 힌두교도나 이슬람교도인 것은 아니다. 시크교도와 기독교도도 있다. 인도인이 토마스나 패트릭 같이 자신을 세례명으로 말하는 것을 들으면 그는 기독교인이고 발음을 쉽게 하기 위해 서양식 이름을 사용함을 알 수 있다.

대다수의 시크교도는 세 가지의 이름을 가지고 있다. 이름, 시크교도의 정체성을 나타내는 이름(남성의 경우 '싱(Singh)' 혹은 '라이온(Lion)'), 씨족이나 종파 이름이다. 대다수 시크교도 남성의 이름은 인도인의 이름과 같거나 비슷하다. 그리고 모든 시크교도는 '싱'이지만 모든 싱이 시크교도는 아니다. ('사자'라는 뜻의 싱은 싱가포르 국가명에 들어 있다.) 남성을 종종 '사르다르지Sardarji(축약형 S.)'라고 부르는데, 영어의 미스터와 유사한 존칭이다. 대부분의 이름은 남성과 여성 모두에게 사용할 수 있으며 여성은 세 번째 이름으로 '공주'라는 뜻의 '카우르Kaur'를 종종 사용한다.

05

음식과 음료

싱가포르인들의 사회생활에서 음식은 중요한 역할을 한다. 중국, 말레이시아, 인도의 음식 문화
를 조합하고 응용하면서 현대와 전통이 뒤섞인 독특한 요리법이 생겨났다. 동네 식당부터 미쉐
린 별을 받은 식당까지 싱가포르에는 모든 식당이 모여 있다. 매년 7월에 열리는 싱가포르 음식
축제에서는 다양한 싱가포르 음식을 선보인다.

음식

싱가포르인들의 사회생활에서 음식은 중요한 역할을 한다. 음식을 먹는 것은 국민적 오락일 뿐 아니라 국가 정체성의 일부이며 음식은 그야말로 싱가포르를 사로잡고 있다. 중국, 말레이시아, 인도의 음식 문화를 조합하고 응용하면서 현대와 전통이 뒤섞인 독특한 요리법이 생겨났다. 식도락가에게 싱가포르는 크나큰 즐거움을 선사할 것이다. 동네 식당부터 미쉐린 별을 받은 식당까지 모든 식당이 모여 있다. 아기자기한 카페가 글로벌 패스트푸드 체인점에 닿을 듯이 자리하고 있고 피자는 젊은 세대에게 인기 있는 음식이다.

전형적인 싱가포르 음식은 쌀, 면, 해산물, 육류, 간식(혹은 후식) 다섯 가지 범주로 나눌 수 있으며 관광청에서는 이것을 싱가포르의 명물로 홍보한다. 매년 7월에 열리는 싱가포르 음식 축제에서는 다양한 음식을 선보인다. 안소니 부르댕과 고든 램지 같은 유명 셰프가 싱가포르 길거리 음식에 찬사를 보내고 있다.

해산물 요리 중에는 칠리 크랩과 블랙 페퍼 크랩이 대표적이다. 또 싱가포르에서 가장 인기 있는 요리 가운데 하나는 하이난족의 치킨 라이스일 것이다. 돼지고기나 닭고기 혹은 소고기로 만든 사떼는 대부분의 푸드코트에서 발견할 수 있는 흔한 간식이며 호키엔 미는 새우와 얇게 썬 돼지고기로 만든 대표적인 면 요리이다. 대중적인 면 요리인 논야 락사는 코코넛 밀크에 다양한 식재료와 향신료를 넣고 육수를 내는 것이 특징이다. 광둥 공동체는 비교적 규모가 작은데도 불구하고 딤섬은 고급 식당뿐 아니라 대부분의 동네 식당에서도 찾아볼 수 있으며 큰 위안을 주는 음식으로 여겨진다. 딤섬은 아침부터 오후까지만 판매되고 저녁에는 좀처럼 팔지 않으니 시간을 잘 살펴봐야 한다.

싱가포르인들은 보통 하루에 세 번 식사를 한다. 연유를 넣은 커피와 함께 먹는 카야 토스트가 인기 있는 아침식사 메뉴이다. 인도의 로티 프라타 역시 대중적인 요리이다. 점심에는 푸드코트에서 쌀과 면 요리를 먹고 저녁식사는 꽤 늦게 하기도 한다.

【 중국 요리 】

중국 요리를 경험해보기에 가장 좋은 장소는 손님들이 둥근 탁자 주위에 둘러앉아 8~9개의 요리(134~136쪽 참조)를 맛보는

큰 만찬이다. 크리스탈 제이드는 미쉐린 별과 수많은 미쉐린 빕 구르망을 받은 싱가포르의 식당 체인이다. 전통 요리를 현대적으로 재해석해 선보이는 이 식당의 요리는 현지인들 사이에서 인기가 많다. 혼자나 단체로 먹을 수 있고 포장도 가능하다.

춘절기간에는 프로스퍼티 토스 샐러드(Lo Hei 혹은 Yu Sheng으로 알려짐)를 먹어보는 것이 좋다. 남중국에서 유래한 요리로, 싱가포르에서는 날생선, 무와 무순, 당근, 생강, 양파, 포멜로*, 땅콩가루 등으로 만든다. 새해에도 좋은 일만 있기를 기원하는 의미의 이 요리는 손님들이 요리 주변에 둘러앉아 "후앗 아 Huat

---

* 자몽과 비슷하지만 더 단맛이 나는 노란색의 과일이다. -옮긴이

^{ah}!"라고 외치면서 젓가락으로 채 썬 재료들을 공중에 던진다. 높이 던질수록 소원이 이루어질 가능성이 높다고 믿는다.

【 페라나칸 요리 】

싱가포르에 정착한 페라나칸이 발전시킨 페라나칸 요리는 특히 흥미롭다. 페라나칸이 탄생한 배경처럼 중국과 말레이반도의 식문화가 함께 녹아 있으며 이외에도 인도네시아, 태국, 유럽의 영향을 받아 맛과 종류가 다양하다. 생선이나 닭으로 우린 매콤한 육수에 쌀국수를 넣어 만든 면 요리인 락사가 유명하다. 페라나칸 요리의 요리법은 세대를 거쳐 전해졌으며 과거에는 요리 솜씨를 보고 며느리를 평가하기도 했다.

싱가포르에는 훌륭한 페라나칸 식당이 많으며 아르메니안 거리의 페라나칸 박물관 근처에 위치한 트루 블루가 그중 하나이다. 이곳에서는 전통 페라나칸 요리를 맛볼 수 있으며 웨이터에게 요리 추천이나 조언을 구할 수도 있다.

【 말레이 요리 】

인기 있는 말레이 요리에는 어디서나 먹을 수 있는 커리 퍼프와 미 고렝, 나시 고렝이 있으며, 미 고렝은 노란 달걀 면으로 만들고 나시 고렝은 쌀로 만든다. 또 나시 르막은 코코넛 밀크와 판단 잎을 넣고 지은 밥에 반찬을 곁들인 요리이다. 소고기, 각종 향신료, 코코넛 밀크로 만든 렌당도 푸드코트의 주된 메뉴이다.

【 인도 요리 】

리틀 인디아에 있는 대부분의 식당에서는 달걀, 카레, 설탕, 아이스크림 등 무궁무진한 재료와 함께 곁들어 먹는 넓적한 인도식 빵인 로티 프라타를 판매한다. 또 쌀과 렌틸콩 반죽을 얇게 펴서 구워낸 도사라는 빵과 빵에 다진 고기와 양파로 속을 채운 전형적인 인도 이슬람교도의 요리인 마르따박이 인기 있다.

싱가포르에는 수많은 일류 레스토랑과 세계 최고의 셰프가 있으며 프랑스의 최고급 요리부터 뉴욕 스타일의 햄버거까지 모든 요리를 즐길 수 있다.

금지된 음식

【 중국인 】

대다수의 중국인은 음식에 대해 아무런 제한을 두지 않는다. 실제로 중국인들은 '식사하셨어요?'라고 상대방에게 인사를 건네기도 한다. 그러면 식사를 하지 않았더라도 자연스럽게 '네'라고 대답하면 된다. 그렇다고 모든 중국계 싱가포르인이 똑같은 음식을 좋아하지는 않는다. 하지만 쌀과 면은 역시나 인기 있는 음식이다.

중국인들은 먹는 것을 매우 좋아하지만 건강에도 크게 신경을 쓰는 편이다. 특정 음식에는 음기(혹은 냉기)가 있다고 믿어 돼지고기, 수박, 사과 등은 몸을 차갑게 해 여름에 먹기 좋은 음식이다. 반면, 튀긴 음식, 초콜릿, 리치 등 양기를 띠는 음식은 몸을 따뜻하게 하는 것으로 알려져 있다. 식사를 할 때 음과 양의 균형을 유지하고 적당히 먹는 것이 이상적이라고 믿는다.

【 말레이인 】

이슬람교도에게 돼지고기는 절대 먹어서는 안 되는 음식이다. 돼지고기 외의 다른 모든 육류도 할랄식품으로 인정을 받으려면 이슬람법에 따라 도축해야 한다. 피가 함유된 모든 음식이 마찬가지이며 알코올도 금지된다.

【 인도인 】

독실한 힌두교도는 (유제품은 먹는) 채식주의자 식단을 따르는 경향이 있다. 즉, 육류, 가금류, 생선, 달걀은 먹지 않고 요구르트 같은 유제품은 먹는다. 소는 신성하므로 소고기는 절대 금지되며 사제들은 특정 사람에게 자신이 먹는 음식을 준비해 달라고 요청한다. 또 힌두교 경전에서 전승된 인도의 전통 의학인 아유르베다 요법은 심신의 안정과 조화를 중시함에 따라 건강한 식생활과 꾸준한 운동의 병행을 강조한다.

푸드코트

과거 행상을 하던 사람들은 싱가포르 거리를 돌아다니며 갖가지 종류의 맛있는 음식을 팔았다. 이제 이들은 싱가포르 생활에서 없어서는 안 될 푸드코트로 자리를 이동했다. 푸드코트는 좁은 뒷골목에서부터 거대한 쇼핑몰에 이르기까지 싱가포르 전역에서 찾아볼 수 있다. 김이 나는 냄비와 지글거리는 팬에서 풍기는 냄새가 가득 채우는 푸드코트는 깔끔하고 저렴한 가격 덕분에 항상 사람들로 북적거린다. 현지에서 가장 인기 있는 음식부터 파스타까지 다양한 음식을 맛볼 수 있다. 보통 사람들은 푸드코트에 자주 가는 단골 가게가 있다. 푸드코

트에서 줄이 길게 늘어선 특정 가게와 반대로 한산한 가게의 모습을 보는 것은 흔한 일이다.

푸드코트는 가격 대비 훌륭한 식사를 할 수 있는 곳이며 어떤 사람들은 고급 식당 못지않게 훌륭하다고 말한다. 싱가포르에는 미쉐린 별을 받은 푸드코트 가게도 있으며 싱가포르 정부는 앞으로 푸드코트를 추가로 지을 예정이다. 아마도 싱가포르에서 가장 유명한 푸드코트는 뉴턴 푸드코트일 것이다. 많은 관광객이 생선 요리를 먹기 위해 이곳을 방문하지만 중심가를 걸으며 현지인과 함께 어울려 먹는 것도 나쁘지 않다.

푸드코트에서 주의해야 할 예절 중 하나는 '쵸핑'이다. 한 묶음의 휴지를 탁자 위에 놓고 자리를 잡아두는 관습으로, 이 휴지를 치우고 앉아서는 안 된다. 그러나 여러 가게를 둘러보다 보면 당신도 휴지를 놓아두게 될 것이다.

코피티암

코피티암은 커피를 뜻하는 말레이어인 '코피 kopi'와 상점을 뜻하는 호키엔어인 '티암 tiam'의 합성어이다. 코피티암은 커피숍이

라기보다 친구를 만나고 식사를 하는 장소에 가깝다. 이곳에서는 연유를 넣은 싱가포르 커피인 코피와 카야 토스트를 맛볼 수 있다.

CZE CHAS

'음식점'을 뜻하는 이 야외 식당은 싱가포르 곳곳에서 발견할 수 있다. 이곳에서는 음식을 시켜 즉석에서 먹을 수 있는 탁자를 제공하고 푸드코트보다 메뉴가 더 다양하다.

음료

싱가포르 현지에서 인기 있는 두 가지 음료는 코피(또는 연유를 넣은 달콤한 커피)와 쫀득한 펄이 섞인 달콤한 밀크티인 버블티이다. 또 진한 장미향 시럽을 우유와 섞은 차가운 음료인 반둥과 사탕수수 주스도 만나볼 수 있다. 테 타릭은 다양한 높이에서 차를 이쪽 컵에서 저쪽 컵으로 따르며 거품을 만들어 마시는 따뜻한 밀크티이다. 일반적으로 싱가포르 음료는 많이 달기 때문에 기호에 따라 '설탕을 적게' 또는 '설탕 없이' 만들어 달라고 요청하면 된다.

중국 차는 보통 식사와 곁들여 마신다. 중국인들은 차가 섭취한 음식의 지방을 씻어내고 소화를 돕는다고 믿는다.

일반적으로 중국인들은 음식을 먹지 않고 술을 마시는 것을 좋아하지 않으므로 식사와 함께 싱가포르 맥주 브랜드인 타이거 비어를 즐겨 마신다. 또 브랜디와 위스키를 즐기는데, 이런 술은 사회적 지위를 상징하는 것으로 보기 때문에 비쌀수록 더 좋아한다.

인도와 말레이 이슬람교도에게 알코올은 엄격히 금지되지만 그렇다고 술을 마시는 사람이 신앙심이 약함을 의미하지는

• 싱가포르 슬링 •

기본 레시피

진 30mL · 체리 브랜디 15mL · 베네딕틴 15mL · 트리플 세크 15mL
파인애플 주스 30mL · 오렌지 주스 30mL · 라임 주스 15mL

간편 레시피

진 45mL · 체리 브랜디 15mL · 레몬 1개 즙

두 레시피 모두 재료를 섞어 긴 유리잔에 따른 다음 탄산수를 넣고
얇게 썬 오렌지, 레몬, 라임과 체리 등으로 장식한다.

않는다. 많은 이슬람교도가 싱가포르에서 점차 수요가 증가하고 있는 와인과 칵테일을 즐긴다. 하지만 알코올에 부과되는 높은 세금이 부담이 되기도 한다. 싱가포르의 래플스 호텔에서 처음 고안한 싱가포르 슬링 칵테일이 가장 유명하다.

연회와 오락

대부분의 사교행사뿐 아니라 비즈니스도 식당에서 이루어진

다. 보통은 저녁식사를 하지만 점심을 먹을 때도 있다. 연회는 중국식 비즈니스의 특징이며 중요한 가족행사를 축하할 때도 열린다. 대개 호텔이나 식당의 전용공간에서 한다.

【 식사예절 】

식사예절은 민족 공동체마다 다르지만 식사는 모든 민족 공동체의 공통된 행사이다. 말레이인, 인도인, 해협 중국인에게는 손으로 카레를 먹는 것이 맛있게 먹는 방법이지만 대부분의 식당에서 숟가락은 항상 제공되며 고급 레스토랑에서 나이프, 포크, 스푼 등을 사용하지 않고 먹는 싱가포르인은 찾아볼 수 없다. 손으로 먹을 경우에는 항상 오른손만 사용하는데, 전통적인 힌두교도와 이슬람교도는 왼손을 개인위생을 위해 사용하기 때문이다. 손으로 음식을 먹을 때는 손가락의 끝만 사용하고 손가락으로 타인의 음식에 건드리는 것은 무례한 일로 여겨진다. 또 식사 전에는 손을 씻기 때문에 인도나 말레이 고급 식당에서는 따뜻한 물이 담긴 그릇과 냅킨을 식사 전후에 모두 제공받을 수 있다. 손님이 손을 씻을 수 있도록 마련된 세면대에 줄이 늘어서 있는 모습도 종종 볼 수 있다.

중국인의 경우 젓가락을 사용하는 것이 일반적이지만 포크

나 스푼을 부탁할 수 있다. 그리고 젓가락을 사용할 때는 지켜야 할 몇 가지의 간단한 규칙이 있는데, 예를 들어 젓가락을 밥공기 위에 똑바로 꽂아두는 행동, 젓가락을 흔들거나 타인을 가리키는 행동, 젓가락으로 소리를 내는 행동은 예의에 어긋나는 것으로 본다. 초대받은 손님은 식사 후 커피나 차를 마시며 이야기를 나누지만 오랫동안 머물지는 않는다. 보통은 식사와 함께 흥겨운 연회도 끝나며 모든 손님이 한꺼번에 자리를 뜬다.

　말레이인의 경우 식사를 할 때 보통 포크와 스푼이 제공되지만 나이프는 나오지 않는다. 모든 고기는 한입 크기의 작은 조각으로 잘려져 나오기 때문이다. 또 말레이인들은 초대받은 손님이 음식을 더 먹으면 기뻐하니 주인이 음식을 더 주면 사양하지 말고 감사히 먹으면 된다. 반면, 음식을 거절하면 무례하다고 여기므로 음식이 나오면 적은 양이라도 맛을 보는 것이 좋다. 권하는 음식을 정말 먹을 수 없다면 알레르기 같은 적절한 변명을 생각해보는 것도 한 방법이다.

【 좌석배치 】

일반적으로 둥근 회전식 탁자가 있는 연회에 참석한 사람들은 서로 얼굴을 보며 말할 수 있고 편하게 음식을 덜어 먹을 수 있다. 상석은 주최자의 왼편이고 어린 손님은 문 입구를 향해 앉는다. 이런 관습은 무장한 적이 방으로 뛰어 들어와 문에 가장 가까이 있는 사람을 먼저 공격하는 것을 방어하는 문화에서 생겨났다. 아무리 편한 저녁식사 자리라도 손님은 좌석을 안내받을 때까지 기다려야 하며 주최자는 모든 손님이 각자의 자리에 앉은 다음 자신의 자리에 앉는다.

【 인사말과 건배 】

저녁식사 자리에 대해 자랑하는 것처럼 보이지 않기 위해 주최자는 대접하는 음식이 부족하고 보잘것없다는 말을 몇 마디 할 것이다. 그러면 손님은 앞에 놓인 음식을 크게 칭찬하며 음식의 구성과 섬세한 맛에 대해, 같이 온 손님에 대해 언급하면서 주최자의 겸손한 태도에 화답한다. 연회는 보통 코스로 구성되며 요리는 한 번에 하나씩 나온다.

식사를 방해하지 않기 위해 모든 연설은 연회가 시작되기 전에 한다. 진행을 시작하기 위해 주최자는 잔을 들어 올리며 건배를 제안할 것이다. 연회에서는 속도를 조절하며 먹는 것이 좋은데, 그렇지 않으면 마지막 요리가 나올 때 즈음에는 더 이상 손도 대지 못할 정도로 과식을 하게 될 수 있다. 또 회전식 탁자 위에서 자신과 가장 가까이 있는 요리를 가져와야 하며 개인 접시로 덜어온 음식은 모두 먹어야 한다.

【 답례 】

싱가포르에서는 접대를 받은 후 그 답례로 상대방을 접대하는 것은 비즈니스의 일부이다. 싱가포르 스타일로 접대받는 것을 편하게 느낄 것이다. 우선 선택한 호텔과 식당이 손님에게 깊은 인상을 남길 정도로 높은 위상과 명성을 자랑하는 곳이어야 한다. 두 번째로 연회는 전용공간에서 열어야 한다. 요리를

• 피해야 할 접대방식 •

한 외국계 기업의 고위 간부는 의도치 않게 싱가포르 동료를 최악의 방식으로 접대했다. 그는 화려한 전용공간이 있는 특급 호텔을 선정했지만 이후 상황은 갈수록 악화되었다. 우선 그는 싱가포르인들은 음식을 먹지 않고 술을 마시는 것을 좋아하지 않는다는 점을 모른 채 저녁식사 전에 술을 마셨다. 또 요리는 신중하게 선택했지만 손님의 요구사항은 전혀 고려되지 않았다. 주요리는 살짝 익힌 로스트비프였는데, 중국계 싱가포르인은 고기를 살짝 익혀 먹는 것은 물론 큰 덩어리의 고기를 좋아하지 않으며 말레이인과 인도인에게 이런 요리는 거의 재앙이라고 할 수 있다. 후식도 같은 방식이었다. 싱가포르인들은 작은 크기로 얇게 자른 신선한 과일을 먹지만 이 연회에서는 커다란 초콜릿 푸딩이 나왔다. 이 초콜릿 푸딩은 손님에게 너무 부담스러운 후식이었다. 그리고 식사는 커피로 마무리되었다. 이 모든 사건은 싱가포르인들의 기분을 상하게 할 수 있는 접대방식의 예를 들어 본 것이다. 다행히도 고위 간부가 이런 중대한 실수를 했음에도 비즈니스 관계는 악화되지는 않았고, 결국 몇 차례의 식사를 적절하게 대접한 후 양사 모두에게 이익이 되는 계약을 체결했다고 한다.

선택할 때는 손님이 말레이인인지 인도인인지를 먼저 파악하는 것이 좋다. 이슬람교도는 돼지고기와 술을 먹지 않고 인도인은 채식주의자인 경우가 많다. 싱가포르에서 접대를 해야 할 경우 적합한 장소, 요리, 코스 수에 대해 현지인에게 조언을 구하는 것이 좋다.

싱가포르처럼 위계적인 사회에서는 손님의 좌석배치는 중요한 일이다. 주최자는 오랜 시간 자리를 지키며 손님을 맞이하고 순서대로 모든 일이 진행되는지 확인해야 한다.

싱가포르에서의 접대는 안전하게 중국 식당에서 하는 편이 좋다. 손님 중 말레이인이나 인도인이 있는 경우 식당에서 적절한 채식 요리를 제공할 수도 있다. 손님이 자신들을 위해 주최자가 세세한 것까지 신경 쓴 것에 크게 감동한다면 후에 커다란 이익이 되어 당신에게 돌아올 것이다.

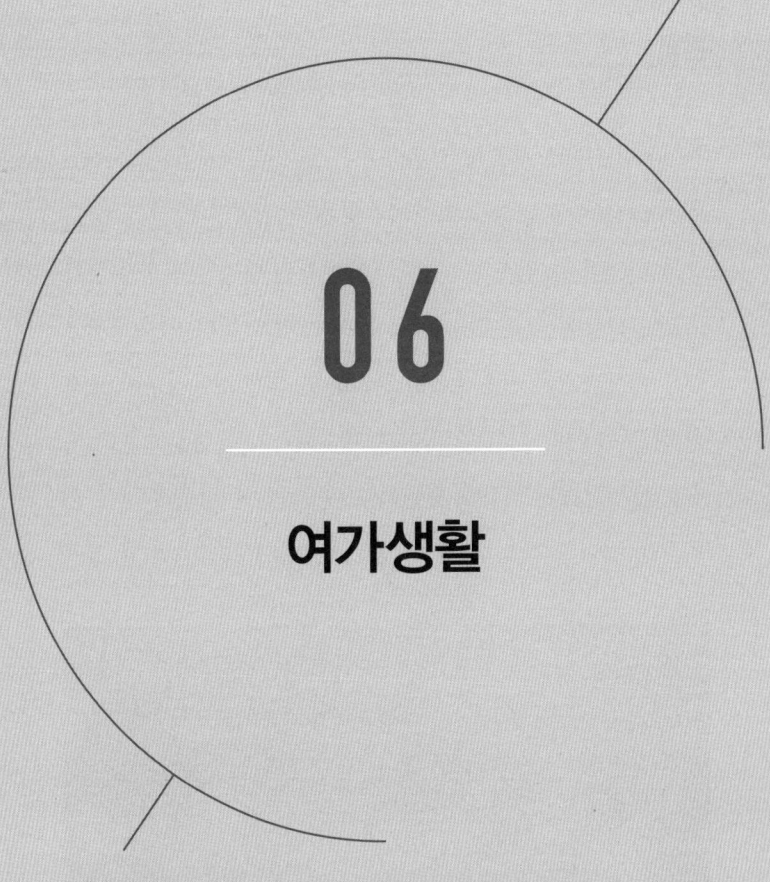

06

여가생활

싱가포르 정부의 문화와 관광지 개발 노력은 싱가포르를 외국인이 선호하는 휴가지로 급부상하게 만들었다. 안전하고 깨끗하다는 명성과 함께 전통문화, 최첨단 건축, 쇼핑, 다양한 음식을 선보이는 싱가포르는 매년 수백만 명의 관광객을 끌어들이고 있다.

관광

창이국제공항은 세계에서 훌륭한 공항으로 평가받는다. 루프톱 수영장, 난으로 가득한 정원, 영화관, 설치미술, 고급 식당, 명품숍 등이 들어서 있는 창이국제공항은 해외 관광객이 싱가포르에 도착해 겪는 시차를 감수할 수 있게 한다. 창이국제공항은 관광산업에 지속적으로 투자하는 싱가포르 정부의 노력을 잘 보여주며, 그 결과 싱가포르는 외국인이 선호하는 휴가지로 급부상하게 되었다. 안전하고 깨끗하다는 명성과 함께 전통문화, 최첨단 건축, 쇼핑, 음식을 선보이며 매년 수백만 명의

관광객을 끌어들이고 있다. 관광산업은 싱가포르 국내총생산 GDP의 큰 비율을 차지한다.

관광지

【차이나타운】

래플스는 1819년 싱가포르에 도착한 중국인 이민자에게 싱가포르강의 남쪽 지역을 할당했다. 곧 중국 중부와 남부 해안 지방에서 온 수천 명의 중국인이 이들과 합류했고 차이나 타운

은 활기 넘치는 장소로 변화했다. 차이나 타운은 싱가포르 정부가 기존의 낡은 건물을 현대적인 주택개발청 아파트로 대체하기 시작할 무렵인 1970년대까지 계속 유지되었다. 그리고 뒤늦게 개발로 인해 옛 싱가포르의 또 다른 분위기가 존재하는 장소를 잃을 위험이 알려지면서 재건과 복구를 위한 프로그램이 시작되었다.

현재 차이나 타운은 낡은 것과 새로운 것이 역동적이고 복잡하게 뒤섞여 있으며, 이곳에서는 전통 약재를 판매하는 오래된 상가주택이 유행하는 현대식 바와 라이프스타일숍 옆에 있

는 모습을 볼 수 있다. 또 1900년대 초 싱가포르인들의 생활 상을 느낄 수 있고 거리에서 서로 다른 방언을 들을 수 있다. 파고다 거리에서는 중국에서 들여온 온갖 종류의 장신구와 칠 기를 볼 수 있다. 1827년에 힌두교 이민자가 세운 스리 마리암 만 사원과 불교의 오래된 사찰도 이곳에 위치해 있다.

차이나 타운을 둘러보는 가장 좋은 방법은 걸어서 구경하 는 것이며 볼거리가 아주 많으므로 적어도 서너 시간의 여유 를 가지고 천천히 둘러보는 편이 좋다. 습하고 더운 싱가포르 날씨에 익숙하지 않다면 쉽게 피로해질 수도 있다.

【 캄퐁 글램 혹은 아랍 거리 】

래플스가 싱가포르강 북쪽과 로코르강 서쪽 지역을 이슬람교 이민자의 정착지로 지정하자 곧 아랍인 상인이 이곳으로 모여들었다. 현재 이곳에는 정착하기 위해 찾아온 아랍인 선원과 인도네시아인, 말레이인의 전통이 잘 나타나 있다. 다채로운 색으로 꾸며진 상점에서는 실크, 바틱*, 양탄자, 놋그릇, 금, 장신구를 포함해 다양한 종류의 천을 판매한다. 많은 할랄식당, 특히 술탄 모스크 주변의 식당에서 풍겨오는 향이 주변의 공기를 가득 채우고 있다. 한때 뒷골목이었던 하지 레인은 이제 독특한 부티크와 카페로 북적거리고 이스타나 왕궁에는 말레이 헤리티지센터가 들어서 있다.

싱가포르의 첫 번째 모스크는 동인도회사에서 받은 많은 보조금으로 1826년에 세워졌고 오랜 시간이 지나 술탄 모스크로 바뀌었다. 현재는 황금 돔과 첨탑이 있는 싱가포르의 대표적인 모스크이며 5,000명의 예배자를 수용할 수 있다. 외부인의 방문을 엄격히 제한하고 있지만 라마단 동안에는 비교적 구경하기가 쉽다. 또 라마단기간에는 해가 지면 신도들이 단식을 마치고 거리로 나와 수많은 식당에서 식사를 한다.

---

* 무늬가 그려진 부분을 밀랍으로 막아 물이 들지 않게 염색한 무늬나 천이다. − 옮긴이

캄퐁 글램은 아랍 거리뿐 아니라 로처 운하 로드, 잘란 술탄, 빅토리아 거리, 비치 로드의 경계 지역까지 모두 포함한다. 캄퐁 글램에 가는 가장 쉬운 방법은 싱가포르 지하철인 MRT 나 택시를 타고 가는 것이다.

【 리틀 인디아 】

차이나 타운이나 캄퐁 글램과 달리 리틀 인디아는 민족적 구역으로 지정되지는 않았지만 19세기 후반 자발적으로 성장했다. 리틀 인디아는 로처 운하 북쪽에 크게 밀집해 있고 MRT를 타고 리틀 인디아역에서 내리면 찾아갈 수 있다. 중심지인 세랑군 로드는 로처 운하 로드에서 라벤더 거리까지 약 1.6km

의 구간에 걸쳐 펼쳐져 있으며 걸으면서 여기저기를 둘러볼 수 있다. 이곳은 힌두교 사원, 중국 사원, 모스크, 교회가 어우러진 싱가포르에서 가장 활기찬 구역 중 하나이다. 볼거리가 매우 풍성하며 여러 맛있는 음식과 멋진 물건들이 가득하다.

식민지시대에 생긴 상점이 모여 있는 리틀 인디아 아케이드에는 화환을 판매하는 행상, 부티크 가판대, 정교한 패턴의 사리 천, 고대 인도 문양을 새긴 보석을 판매하는 금세공인 등이 공간을 가득 메우고 있다. 떠들썩한 야외의 테카센터에서 따뜻한 밀크티를 만드는 사람과 생선과 향신료를 판매하는 가판대를 보면 놀라움을 경험할 것이다. 24시간 문을 여는 유명한 쇼핑몰인 무스타파센터는 두 건물이 다리로 연결되어 있다. 이곳은 식료품에서 전자제품에 이르기까지 높이 쌓인 물건들 사이를 아슬아슬하게 통과해 지나가야 한다.

리틀 인디아의 모든 곳을 둘러보는 데는 대략 반나절이 걸릴 수 있으며 사람이 많은 것을 좋아하지 않으면 일요일은 피하는 것이 좋다. 일요일에는 이주 노동자들이 이곳으로 나와 담소를 나누거나 식사를 하고 쇼핑도 한다. 디파발리기간에는 수많은 인파가 다채롭고 멋진 장관의 일부를 이루기도 한다.

【 역사적인 싱가포르와 도심 】

과거 식민지의 중심에는 나무로 둘러싸인 넓고 잘 관리된 잔디밭인 파당이 있다. 파당은 래플스가 싱가포르에 도착한 직후 휴양지로 지정한 곳이다. 이곳은 국회의사당, 시청, 대법원과 함께 과거 싱가포르의 도심을 형성했고 현재는 복원된 식민지시대의 웅장한 건축물이 있다. 신고전주의 건축양식의 아시아 문명 박물관도 방문해볼 만하다. 근처 베이에는 곡선 모양의 돔이 과일 두리안을 닮아 싱가포르 현지에서는 '두리안'으로 알려진 에스플러네이드 공원과 극장이 있다. 또 67m에 달하는 젓가락이 지상에 우뚝 서 있는 것을 볼 수 있는데, 이 4개의 기둥은 4명의 싱가포르인을 상징하며 일본 점령기에 죽음을 맞이한 사람들을 추모하는 기념비이다.

싱가포르의 여러 훌륭한 건축물은 아일랜드 건축가인 조지 콜만이 설계했으며, 그의 묘비는 초기의 다른 정착민의 묘비와 함께 포트 캐닝에서 찾아볼 수 있다. 초기에 얼마나 많은 영국인이 이곳에서 20대의 나이에 열대성 질환으로 사망했는지 알게 되면 놀랄 것이다.

【 마리나 베이 】

1969년에 시작해 2008년에 완공된 이 상징적이고 눈부신 간척지인 마리나 베이는 과거의 도심을 둘러싸고 있다. 유명한

건축가인 모쉐 사프디가 설계한 샌즈 스카이파크 전망대에서 싱가포르의 화려한 전망을 감상할 수 있다. 연꽃 모양의 아트 사이언스 박물관에서는 예술에 관심이 있는 사람을 위해 국제적인 전시를 개최하며, 근처에는 세계적으로 유명한 슈퍼트리가 있는 초현대적이고 거대한 가든스 바이 더 베이가 있다.

【 싱가포르의 부두 】

싱가포르강을 따라 과거 싱가포르의 상업 중심지였던 3개의 주요 부두인 보트 키, 클락 키, 로버슨 키가 있다. 하지만 1960년대 싱가포르 밖의 항구로 배가 이동하면서 이 지역은 쇠퇴의 길을 걸었다. 그리고 1980년대 강 정화 캠페인이 시작되었고 보트 키에 있는 전통적인 상가주택인 숍하우스는 보호구역으로 지정되었다. 관광객을 태운 보트가 강의 위아래를 이동하는 이 지역은 이제 바와 카페로 유명하다. 나이트 클럽과 식당으로 멋지게 개조한 정크선이 강 위에 있는 클락 키는 언제나 사람들로 북적거리는 화려한 중심가인 반면, 이국적인 분위기가 느껴지는 로버슨 키에서는 안락하고 평온한 기분을 만끽할 수 있다.

【 래플스 호텔 】

싱가포르에서 가장 유명한 래플스 호텔을 가보지 않고서는 싱가포르를 제대로 여행했다고 할 수 없다. 1887년에 문을 연 래플스 호텔은 식민지시대의 스타일과 우아함, 화려함의 전형을 잘 보여주는 건축물이며 이국적인 싱가포르 슬링 칵테일을 처음 선보였다. 에바 가드너와 엘리자베스 테일러 같은 영화배우와 조지프 콘래드, 러디어드 키플링, 서머셋 모옴 등의 작가가 이 호텔에 머물렀다.

【 카통 혹은 주치앗 로드 】

페라나칸 문화에 관심이 있다면 버스나 택시를 타고 카통 지역을 방문해볼 만하다. 전쟁 전의 건축물과 다채로운 숍하우스가 특색을 이루는 이 지역은 싱가포르 맛집 탐방가들이 많이 찾는 인기 지역이다. 페라나칸 문화와 요리를 경험해볼 수 있으며 페라나칸 수공예품도 구입할 수 있다. 이스트 코스트 비치 역시 걸어서 갈 수 있는 거리에 있다.

【 티옹 바루 】

현재 싱가포르에서 가장 트렌디한 장소 중 하나인 티옹 바루는 예스러운 멋을 느낄 수 있는 지역으로, 싱가포르에서 가장 오래된 주택 단지이다. 과거 공동묘지였던 티옹 바루는 이제 1930년대 풍의 건축물과 유명한 카페로 잘 알려져 있다. 독립 서점, 빈티지 레코드점, 생활용품 부티크도 만나볼 수 있다.

【뎀시 힐】

잘 알려지지는 않았지만 상점과 식당이 모여 있는 이 매혹적인 장소는 1850년대에는 육두구* 농장이었고 후에는 군영이 설치되었다. 2007년 재개발된 뎀시 힐은 이제 보타닉 가든 인근의 라이프스타일 관광지가 되었다. 산책로를 한가로이 거닐다 보면 과거 영국군의 막사였고 이제는 부유한 유럽인 사이에서 인기 있는 유명 주택들을 염탐해볼 수 있다.

【오차드 로드】

오차드 로드는 싱가포르 최대의 쇼핑거리이다. 식민지시대 이곳에 생긴 육두구 농장에서 이름을 딴 오차드는 싱가포르 엘리트의 주거 지역이기도 하다. 오래된 건물은 대부분 사라졌고 그 자리는 대형 냉방시설을 갖춘 쇼핑몰이 대신하고 있으며

---

* 아시아의 열대 지방에 분포하는 열매로, 향미료와 향료로 사용된다. — 옮긴이

5성급 호텔, 멀티스크린 시네플렉스, 수많은 식당이 밀집해 있다. 저렴한 가격의 좋은 물건을 찾는다면 이곳은 적절한 쇼핑 장소가 아니다.

유명한 상점으로는 오차드 MRT역 맞은편 모퉁이에 자리하고 있는 중국풍의 초록색 지붕과 붉은 기둥이 인상적인 탕스 백화점이 있다. 탕스는 1982년 재개발되면서 지금은 백화점뿐 아니라 호텔도 들어서 있다. 최신 패션과 디자인을 선보이며 유행을 이끄는 싱가포르 전통의 쇼핑 명소이다.

【 가든 】

원예에 관심이 있거나 잠시 조용한 시간을 보내고 싶은 사람은 보타닉 가든이나 가든스 바이 더 베이, 싱가포르 서쪽에 있는 차이니즈 가든을 방문해볼 만하다. 이곳은 모두 MRT역과 가까워 찾아가기 쉽다.

【 센토사섬 】

싱가포르 남쪽에 위치한 이 작은 섬은 과거 영국의 군사기지였다. 현재는 싱가포르인과 관광객 모두에게 매우 인기 있는 휴양지로, 유니버설 스튜디오가 있는 리조트 월드와 마린 라

이프 공원이 주요 명소이다. 밤에는 레이크 오브 드림스의 물, 불, 빛으로 펼쳐지는 공연을 감상할 수 있다. 그 밖에도 골프를 치거나 카지노에서 가볍게 오락을 즐길 수 있으며 휴식을 취하고 싶으면 스파에서 고단한 몸을 달랠 수 있다.

좀 더 조용하고 평화로운 여행을 하고 싶다면 센토사섬의 서남쪽을 방문해볼 만하다. 모래사장과 야자나무, 관목으로 꾸며진 반짝이는 해변이 펼쳐져 있다.

【 세인트존스섬 】

모험심이 강한 사람이라면 싱가포르 남쪽에서 6km 떨어져 있고 센토사섬보다 개발이 덜 된 세인트존스섬을 추천한다. 19세기에는 콜레라 감염에 대한 검역소였고 1819년에는 래플스가 싱가포르의 말레이 족장을 만나기 전에 정박했던 장소이기도 하다.

이곳에는 호텔은 없지만 방갈로를 예약하고 인근의 쿠수섬으로 여행을 할 수 있다. 쿠수섬에서는 평화로운 석호에서 수영을 하고 지정된 장소에서 피크닉을 하며 다양한 조류를 관찰할 수 있다. 일부 새는 싱가포르 본토의 조류 판매상에게 돈을 지불하고 이곳으로 옮겨졌다.

【 풀라우 우빈섬 】

시간을 거슬러 70년 전의 싱가포르를 만나보려면 싱가포르 동북 지역에서 약 2km 떨어진 풀라우 우빈섬을 추천한다. 풀라우 우빈섬은 싱가포르에 마지막 남은 진정한 캄퐁으로, 100여 명이 채 안 되는 주민이 살고 있다. 전통적인 말레이 수상가옥과 도교나 불교 사원도 있다.

활동적인 사람이라면 산악자전거를 빌려 야생식물이 풍부한 맹그로브 습지와 숲을 탐험해보기를 추천한다. 이런 활동에 대한 자세한 정보는 페리 근처의 관광안내소에서 얻을 수 있다.

【인도네시아】

싱가포르와 인근 인도네시아의 바탐섬과 빈탄섬 사이에는 정기적으로 페리를 운행해 두 나라를 동시에 방문해볼 수도 있다.

통화

현지 통화는 싱가포르 달러와 센트이다. 주요 쇼핑센터와 대형 백화점에서는 미국 달러와 영국 파운드를 받기도 하고 신용카드를 사용해도 된다.

은행의 영업시간은 월요일부터 금요일까지 오전 10시에서 오후 3시까지이며 토요일은 오전 9시 30분에서 오후 1시까지이다. 일부 은행은 토요일 오후 3시까지 문을 열지만 영업을 하지 않는 은행도 있다. ATM은 싱가포르 전역에 위치해 있으며 대부분 비자와 마스터카드로 출금이 가능하다.

환전은 대부분의 은행에서 할 수 있으며 환전할 때는 여권을 소지해야 하고 수수료가 부과될 수 있다. 은행 외에 '허가받은 환전상'이라는 간판이 걸려 있는 곳이라면 어디서든 환전을 할 수 있으며 대부분의 쇼핑센터에서 이런 곳을 찾아볼 수 있다.

쇼핑

싱가포르의 전설적인 쇼핑거리인 오차드 로드는 꼭 한 번 가 봐야 한다. 대형 백화점, 쇼핑센터, 고급 부티크에서는 아시아 공예품, 가구, 페르시안 양탄자, 보석류, 실크, 바틱, 최신 전자 제품 등을 내놓고 판매한다. 싱가포르는 기온과 습도가 높지만 쇼핑센터와 상점에는 냉방시설이 잘 갖추어져 있고 또 상점들이 서로 연결되어 있어 편안하게 쇼핑을 할 수 있다.

할인상품과 저렴한 가격의 물건에 관심이 있다면 MRT를 타고 교외로 나가 쇼핑을 하면 된다. 거의 모든 주택 단지에는 허름한 구멍가게부터 고급스러운 명품숍까지 다양한 상점이 들어서 있는 쇼핑센터가 있다. 보통 오전 10시에서 오후 9시나 10시까지 문을 열고 공휴일에도 영업을 한다.

매년 11월경 F1 피트 빌딩에서는 65명 이상이 참가하는 어포더블 아트 페어가 열려 전 세계의 현대미술을 선보인다. 전시되는 작품은 수묵화에서 조각과 사진에 이르기까지 다양하다.

【 그레이트 싱가포르 세일 】

한 달 동안 진행되는 이 행사는 6월이나 7월에 열린다. 싱가포르 소매업협회에서 주최하는 이 행사에서 일부 상점은 최대 70%까지 할인을 해주며 싱가포르의 유명 백화점도 방문해볼 만하다. 또 작은 상점도 행사에 참여하는 차이나 타운, 캄퐁 글램, 리틀 인디아도 잊지 말고 방문해봐야 한다. 대부분의 상점에서 7%의 상품서비스세를 부과한다는 것도 기억하자.

나이트라이프

싱가포르는 방콕이나 홍콩의 짜릿한 밤 같은 명성은 없지만 활기찬 나이트라이프가 있으며, 지금은 훨씬 더 많고 다채로운 행사를 제공하면서 지난 몇 년간 알아볼 수 없을 정도로 크게 변했다. 과거에는 시끌벅적한 바가 이른 아침까지 영업하던 부기스 거리가 가장 유명한 야간 명소였지만 1985년 MRT 건설을 위해 이 지역을 불도저로 밀면서 사라지게 되었다. 현재는 건전한 모습으로 다시 되살아나 관광객을 맞이하고 있다.

세계에서 가장 멋진 지평선을 보려면 싱가포르의 원 알티튜드 루프톱 바에 비할 만한 곳이 없다. 마리나 베이 샌즈 호텔 위에 있는 루프톱 바인 셀라비와 레스토랑 스파고 역시 화려한 도시 경관을 볼 수 있어 인기가 많다. 보다 저렴하고 관광객이 비교적 많지 않은 곳으로는 보트 키의 사우스 브리지 바가 있다. 금요일 저녁마다 수백 명의 사람들이 쏟아져 들어오는 안 시앙 힐과 클럽 거리는 여러 바를 전전하는 사람들에게 유명하다. 클럽 거리 맨 끝에는 사람들을 다음 목적지로 데려갈 미러볼과 플래시 라이트를 갖춘 파티 버스 군단을 볼 수 있다.

봉춤을 추는 댄서와 사람들도 꽉 찬 클럽이 취향에 맞는다면 팬 퍼시픽 호텔에 있는 클럽을 방문할 만하다. 운동화를 신고 춤을 추고 싶다면 보트 키의 헤드 쿼터즈나 차이나 타운의 킬로 라운지를 가봐도 좋다. 마지막으로 센토사섬의 탄종 비치 클럽은 다양한 행사가 열리는 장소(낮에는 휴양지, 저녁에는 식사 공간, 밤에는 클럽)로, 밤에만 즐길 수 있는 클럽은 아니다.

몇몇 클럽은 오전 6시까지 영업을 하지만 보통 나이트 클럽은 평일에는 새벽 1시경에 문을 닫고 주말에는 새벽 3시에 문을 닫는다. 드레스 코드는 일반적으로 단정한 캐주얼 차림이다.

싱가포르에서 게이 클럽은 여전히 인기가 있으며 누구나 갈 수 있고 현지인과 외국인 모두 클럽 안을 가득 메우고 있다.

문화

싱가포르의 여러 민족 공동체는 문화적 사회를 형성해 정체성을 유지한다. 그리고 여기에는 음악과 춤이 중요한 역할을 한다. 인도의 전통 현악기인 시타르 연주, 다채로운 오페라 무대, 인도네시아 전통 기악 합주단인 가믈란의 마술적 사운드, 이 모두가 싱가포르인들의 활기찬 문화생활에 기여한다. 또 매년 6월이면 한 달 동안 예술 축제가 펼쳐진다. 해마다 열리는 영화제와 정기적으로 제작되는 연극도 있다.

이 밖에도 싱가포르는 식민지를 경험한 역사가 있어 발레

와 클래식 음악 애호가가
많으며, 5월에는 셰익스피어
인 더 파크가 열려 매혹적
으로 재해석한 다양한 작품
을 선보인다. 싱가포르 국립
박물관과 아시아 문명 박물
관도 방문해볼 만하다. 싱가
포르의 이런 대담한 프로젝
트는 통합된 싱가포르 문화
를 육성하려는 정부의 강력한 의지를 보여준다.

07

여행, 건강
그리고 안전

싱가포르는 안전한 여행지로 유명하며 범죄율은 세계적으로 낮은 수준이다. 싱가포르와 싱가
포르 주변의 교통은 택시, 버스, MRT 모두 이용하기 편리하고 요금도 비교적 저렴하다. 숙박은
고가에서 저가까지 선택지가 다양하며 아시아에서 대표적인 5성급 호텔이 많이 자리하고 있다.

둘러보기

싱가포르와 싱가포르 주변의 교통은 택시, 버스, MRT 모두 이용하기 편리하고 요금도 비교적 저렴하다. 관광객이 싱가포르를 둘러보기 좋은 방법은 합온 합오프 관광버스를 타거나 가이드가 안내하는 유람선을 타고 싱가포르강을 관광하는 것이다.

【 MRT 】

싱가포르 MRT는 전 세계적으로 효율적인 노선을 자랑한다. MRT는 매일 오전 5시 30분에서 다음 날 오전 12시 50분까지

운행한다. 열차 안은 깨끗하고 냉방이 잘 되며 도심부를 벗어나면 지상을 이동한다. 모든 MRT역에서 보증금 5싱가포르 달러와 최초 소액의 일정 금액이 충전된 이지링크 카드를 구입할 수 있다.

1~3일만 싱가포르에 머무를 예정이라면 싱가포르 투어리스트 패스를 구입하는 편이 더 저렴하다. 창이국제공항으로 가는 스카이 트레인과 싱가포르 본토에서 센토사섬을 연결하는 센토사 익스프레스 모노레일도 있다.

[버스와 트램]

싱가포르의 버스 네트워크는 매우 광범위하며 MRT보다 요금이 조금 저렴하다. 이지링크나 투어리스트 패스를 사용할 수 있으며 타고 내릴 때 단말기에 접촉해야 한다.

덥고 습한 날씨 때문에 버스에는 냉방시설이 잘 갖추어져 있다. 톱리스와 히포버스, 합온 합오프 관광버스뿐 아니라 도로와 물 위를 모두 달리는 배 모양의 자동차를 타고 관광하는 덕투어는 싱가포르의 역사적인 장소를 둘러볼 수 있다. 1987년에 운행을 시작한 리버 크루즈를 타고 싱가포르강을 따라 이동할 수도 있다.

【 택시 】

지나가는 택시에 신호를 보내거나 택시정류장에서 택시를 잡을 수 있다. 컴포트와 시티캡 등의 택시회사 앱으로도 택시를 이용할 수 있다. 모든 택시에는 요금이 분명하게 표시되며 미터기로 요금을 계산한다. 팁은 주지 않아도 된다. 제한구역으로 지정된 도심부를 이동한다면 혼잡통행료를 지불해야 하며 혼잡한 시간 외에 자정 이후에도 추가 요금을 내야 한다.

싱가포르의 택시 기사는 일반적으로 영어를 잘하며 이야기하는 것을 좋아하지만 정치적인 주제는 피하는 편이 좋다. 이슬람교도 택시 기사는 개를 데리고 있으면 승차를 거부할 수도 있다.

【기차】

기차는 싱가포르 주요 도시와 말레이시아 서쪽 해안마을 사이를 규칙적으로 운행한다. 기차여행은 안전하고 편안하며 요금도 비교적 저렴하다. 싱가포르에서 기차를 타고 48시간도 채 걸리지 않아 방콕까지 갈 수 있다. 호화로운 여행을 하려면 이스턴 앤 오리엔탈 익스프레스를 추천한다. 이 기차는 우드랜즈 기차역에서 출발해 페낭과 콰이강 관광지를 경유한다.

【인력거】

싱가포르에서는 인력거(혹은 삼륜자전거)를 부를 수 있다. 인력거는 바퀴 3개의 뒤에 탈것이 달린 자전거이다. 현재는 관광객

대상으로만 운행되며 싱가포르에서 일반적으로 이용되는 교통수단은 아니다. 인력거로 이동하기 전 먼저 가격을 흥정해야 한다.

【 렌터카 】

자동차 렌트비는 흥정하지 않는다. 자동차를 렌트하는 비용은 꽤 많이 들며 주차 요금도 비싸다. 싱가포르 정부는 교통혼잡을 해결하기 위해 자동차 이용을 줄이는 정책을 도입했다.

한국인이 싱가포르에서 운전을 하려면 출국 전 국내에서 발급받은 영문 운전면허증이나 국제운전면허증이 필요하다.

도로는 좌측통행이며 싱가포르 도심의 제한구역을 운전할 경우 혼잡통행료를 지불해야 한다. 또 싱가포르에서 약물이나 술을 마시고 운전하면 중형에 처할 수 있다.

숙박

숙박은 고가에서 저가까지 선택지가 다양하다. 아시아에서 대표적인 5성급 호텔이 다수 위치해 있고 배낭여행객을 위한 저

럼하고 깨끗한 호텔도 많다. 민박도 할 수 있으며 에어비엔비 이용이 가능하다. 호텔 검색에 유용한 웹사이트에는 www.stay insingapore.com이 있으며 싱가포르 호텔협회에서 관리한다.

건강

싱가포르의 의료 서비스는 매우 높은 수준을 자랑한다. 그리고 이런 높은 수준의 의료 서비스로 인해 의료비가 많이 나오므로 보험에 가입하는 것이 현명하다. 2017년 블룸버그는 싱가포르의 의료 시스템을 효율성 측면에서 전 세계 2위로 순위를 매겼고 많은 서양 국가가 싱가포르를 롤 모델로 꼽는다. 민영보험과 공영보험 모두 가입이 가능하며 혜택을 받을 수 있는 의료 서비스의 종류는 이민 자격에 따라 다르다. 싱가포르 시민과 영주권 취득자는 보조금을 지급받는 싱가포르 정부의 의료 서비스를 받을 자격이 되며 의료비는 의료저축계좌로 지급된다. 취업허가증을 받은 외국인 노동자도 고용주를 통해 보험에 가입되거나 직접 민영보험에 가입할 수 있다.

싱가포르에는 싱가포르 국립대학병원, 싱가포르 종합병원, 공공의료시설 등이 있다. 민영병원과 민영의료센터도 있다. 공영과 민영병원 간의 의료비는 차이가 거의 없지만 민영병원에서는 보통 대기시간이 짧아 외국인과 의료 관광객은 민영병원을 더 많이 이용하곤 한다.

응급 상황에는 우리나라의 119와 마찬가지로 995를 눌러 구급차를 부르면 즉시 도착해 치료를 받을 수 있는 가장 가까운 병원으로 환자를 데려간다. 그 외 사고와 응급 상황에는 병원으로 가 예약할 필요 없이 이런 사실을 말하면 된다. 응급 상황이 아닌 경우에는 대부분의 동네에서 찾을 수 있는 일반의를 방문하는 것이 가장 좋다. 일반의는 보통 예약 없이 진료를 하고 바로 약을 처방해 줄 수 있다.

【 중의학 】

중의학中醫學은 수천 년 동안 사람 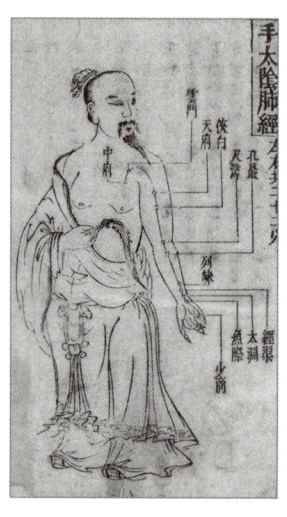 을 치료해온 의술로, 음기와 양기의 기능에 균형을 맞추고 경혈을 통해 기가 자유롭게 흐르도록 해 몸을 치료한다. 가장 흔한 치료법은 침, 부항, 약재를 사용하는 것이다. 싱가포르에서 중의사는 인기 있는 직업이다. 중의학 분야는 엄격한 규제를 받으며 중의원은 중의사위원회TCMPB에 등록해야 한다. 따라서 방문하는 중의사가 허가를 받았는지 확인해볼 필요가 있다.

【 잠재적 위험 】

몇몇 사람은 싱가포르가 예방접종을 하지 않고 여행할 수 있을 정도로 안전한 나라라고 생각하지만 세계보건기구WHO에서는 다음 항목에 대해 예방접종을 실시할 것을 권고하고 있다. A형간염, B형간염, 장티푸스, 콜레라, 황열병, 일본뇌염, 광견병, 뇌막염, 소아마비, 홍역, 볼거리, 풍진, Tdap(파상풍+디프테리아+백일해), 수두, 대상포진, 폐렴, 인플루엔자가 있으며 보다 자세한 사항은 의사와 상의하도록 한다.

싱가포르를 방문한다면 모기 퇴치 크림이나 스프레이 사용을 추천하며 싱가포르의 대중적 드럭스토어인 가디언이나 왓슨에서 구입할 수 있다. 또 평소 복용하는 약이 있다면 싱가포르에 체류하는 동안 복용할 약을 충분히 챙겨 가는 것이 좋다.

호흡기질환을 앓고 있다면 6월부터 10월까지는 인도네시아에서 땅을 개간하기 위해 불을 내기 때문에 싱가포르 대기의 오염 수치가 높다는 사실을 유념해야 한다. 싱가포르 정부는 이런 오염 수치를 모니터링하고 있으며 이에 대한 최신 정보는 www.haze.gov.sg에서 얻을 수 있다.

싱가포르의 비상번호	
구급차 요청	응급 상황 995, 비응급 상황 1777
경찰 신고	999
화재 신고	995

규칙과 규정

【 벌금 】

싱가포르는 '벌금 도시 Fine City'라고
불리기도 한다. 미술관, 도서관, 엘리
베이터, 극장, 영화관, 냉방시설을 갖
춘 레스토랑, 미용실, 슈퍼마켓, 백
화점, 정부기관 등 모든 공공장소에
서 흡연은 금지되며 위반하는 사람
에게는 무거운 벌금이 부과된다.

벌금형을 받는 경범죄에는 침 뱉기, 무단횡단, 쓰레기 버리
기, 엘리베이터에서 소변 보기, 공중화장실에서 물 안 내리기,
껌 씹기, 커튼을 내리지 않고 집에서 나체로 다니기, 오후 10시
30분에서 다음 날 오전 7시 사이에 공공장소에서 음주하기
등이 있다.

【 마약 】

싱가포르에서는 아주 소량의 마약을 제외하고는 마약밀매를
하는 경우 사형에 처할 수 있다. 일반적으로 외국인 범법자는

유죄 판결을 받으면 추방되지만 항상 그런 것은 아니다.

【 동성애 】

싱가포르에서는 동성결혼과 동성 간 성행위를 법적으로 금지하고 있다. 하지만 게이 사교장소가 공공연하게 존재하며 차이나 타운에서도 몇몇 장소를 찾아볼 수 있다.

【 여호와의 증인 】

싱가포르에서는 여호와의 증인 공개 모임과 사적인 모임 모두 불법이며 여호와의 증인 성경을 포함해 모든 출판물을 소지하는 것 역시 법에 위배된다.

안전

싱가포르는 안전한 여행지로 유명하며 범죄율은 세계적으로 낮은 수준이다. 범죄율이 낮다고 범죄가 전혀 일어나지 않는 것은 아니지만 범죄를 직접 목격할 가능성은 거의 없다.

싱가포르 경찰은 범죄를 예방하고 탐지할 의무가 있으며 이들의 목표는 싱가포르를 세계에서 가장 안전한 나라로 만드는 것이다. 싱가포르 경찰은 부패하지 않고 효율적인 경찰력으로 세계적인 명성을 얻고 있다.

싱가포르 경찰은 무장을 하고 있으며 영어를 유창하게 구사한다. 많은 경찰이 사복을 입고 근무하므로 주변에 제복을 입은 경찰이 보이지 않는다고 없다고 생각하면 안 된다. 나이트 클럽 밖에서 싸움을 벌이면 근처에서 경찰이 금방 나타날 것이다. 체포된 후에는 법적 절차가 진행되는 동안 여권이 보

류되며 이 기간은 몇 주부터 몇 달이 걸릴 수도 있다. 싱가포르에서는 묵비권을 행사할 권리가 없고 협조적이지 않은 침묵은 죄를 암시하는 것으로 해석된다. 변호사를 선임할 권리는 있으며 이 경우 비용이 많이 들 수 있다. 벌금은 범죄의 심각성에 따라 부과되며 유죄 판결을 받아 감옥에서 보내는 생활은 가혹할 수밖에 없다.

【 태형과 사형 】

싱가포르에서 태형은 흔한 처벌로, 18세에서 50세의 건강한 남성에게 적용된다. 법으로 허용하는 한도는 스물네 대이지만 대부분의 형은 세 대에서 여섯 대 사이이다. 상대방에게 심각한 해를 입히거나 강도, 공공기물 파손, 성적 학대, 폭동을 포함해 태형으로 처벌할 수 있는 범죄는 서른 가지가 넘는다. 강간, 마약밀매, 불법대출, 90일 이상 체류기간을 초과한 외국인의 경우 법에 정해진 대로 태형이 선고된다.

싱가포르에는 사형제도가 있지만 2010년 이후 집행된 사형의 수는 크게 감소했다. 대량의 마약을 소지하거나 밀매하면 법에 따라 여전히 사형이 선고된다. 사형 선고를 받고 집행을 기다리는 외국인도 있다. 현재 다른 국가들과 유엔에서 싱가포르 정부에게 관대한 처벌을 호소하지만 이런 요청은 받아들여지지 않고 있다.

08

비즈니스 현황

싱가포르에서 비즈니스적 관계는 신뢰와 상호존중에 기반해 이루어지므로 시간이 필요하다. 회의의 본론으로 들어가기 전 싱가포르의 발전상이나 맛있는 음식, 아름다운 경치, 매력적인 문화 등 긍정적인 내용으로 5분 정도의 가벼운 대화로 시작하는 것이 좋다. 일반적으로 섹스, 종교, 정치 등과 싱가포르에 대한 비판적인 내용은 피해야 하는 주제이다.

경제적 기적

초창기부터 무역거점으로서의 위치 때문에 싱가포르에는 다른 국가들의 관심이 모아졌으며 자유무역주의의 식민지 건설과 이민자 유입이 일어나면서 경제 성장은 순조롭게 진행되었다. 하지만 독립할 당시 싱가포르는 형편없는 비숙련 노동자가 노동력을 메우고 천연자원이 전혀 나지 않는 작은 영토에 불과했다. 리콴유 싱가포르 전 총리와 고켕스위 전 재무장관은 싱가포르를 수출주도형 자유시장체제로 탈바꿈할 발전전략을 마련했다. 정부는 다양한 세제혜택을 이용해 기술적 우위

에 있는 외국기업을 유치하여 싱가포르의 제조업과 산업기반을 확대하고 교육에 집중적으로 투자했다. 이런 노력의 결과로 1960년대 말 싱가포르의 국내총생산은 두 자릿수 성장률을 기록했다.

1971년이 되자 영국이 해군기지에서 철수했다. 당시 이 해군기지는 싱가포르 국내총생산의 20%를 차지하고 있었다. 하지만 영국군이 철수함에 따라 싱가포르는 스스로 자립해야 했고, 이 해군기지를 세계에서 세 번째로 큰 상업항으로 전환해 경쟁력을 확보하면서 초기의 타격은 전화위복이 되었다.

무역과 산업을 확대하고 외국의 투자를 유치하려는 싱가포르 정부의 정책은 성과를 나타냈다. 느리기는 했지만 한 자릿수 성장률을 기록하며 1973년 석유파동을 무사히 넘겼다. 전기와 전자 부문의 관세보호혜택을 줄이고 금융 서비스로 성장의 초점을 맞추었다. 1975년 무렵에는 세계에서 세 번째로 큰 정유산업의 중심지가 되었고 세 번째로 번화한 항구로 성장했으며 5년 후에는 도쿄와 홍콩 다음으로 아시아에서 중요한 금융 중심지로 부상했다. 이 시기 싱가포르 정부는 컴퓨터공학과 전자기술을 싱가포르 산업 발전의 차세대 목표로 삼았다.

싱가포르는 2008년 금융 위기를 무사히 헤쳐 나갔지만 테마섹 홀딩스*는 거의 5,500만 싱가포르 달러의 큰 손실을 보았다. 그리고 싱가포르의 경제는 후퇴했다. 실업률은 상승했고 2011년 인민행동당이 예상보다 적은 의석수를 얻으며 정권을 되찾은 후, 정부는 이주 노동자로 인해 일자리가 감소하고 임금이 하락하는 것에 국민의 불만이 높아지자 3년에 걸쳐 이주 노동자의 유입을 3분의 1로 제한했다. 하지만 2016년의 경제성장률은 1.7%를 기록했고 산업생산률은 1% 상승하는 데 그쳤다.

중국과의 경쟁으로 싱가포르 정부는 무역동맹을 모색하고 경제 구조조정을 단행하는 데 박차를 가하고 있다. 그렇지만 중국은 싱가포르의 최대 무역상대국으로, 2017년 싱가포르 전체 수출의 14.5%를 차지했다.

싱가포르의 성공은 일을 처리하고 관리하는 방식을 기꺼이 수정하고 교육, 역량, 기술에 투자하려는 열의에 기반한다. 외국인 투자자가 부패 없는 안정적인 싱가포르 경제에 쉽게 투자할 수 있게 되면서 이런 경향은 더욱 강화되었다. 싱가포르는 동남아시아국가연합 자유무역지대의 회원국이며 한국, 중국, 미국, 일본, 인도, 뉴질랜드와 자유무역협정FTA을 체결했다.

---

* 싱가포르 정부 소유의 국영 투자회사이다. – 옮긴이

재무관리

처음 싱가포르는 자국의 화폐를 미국 달러와 연동했지만 1970년대 후반 변동환율제로 바꾸고 환율에 관한 모든 규제를 폐지했다.

1955년에 설립된 싱가포르의 중앙연금기금은 근로자가 임금에서 사전에 정해진 비율을 비과세계좌에 예치하고 고용주도 비슷한 비율의 의무분담금을 적립하는 의무저축제도이다. 처음 도입된 이후 지금까지도 수정과 개선과정을 거치고 있다. 근로자의 퇴직과 장애를 보장하는 펀드도 지속적인 재정흑자를 거두고 있으며 국민의 저축률도 높은 편이다.

싱가포르의 중앙은행인 싱가포르통화청MAS은 물가 안정을 주된 사안으로 다루며 이자율이 아닌 환율을 이용해 물가를 안정시킨다. 이는 중앙은행이 싱가포르 달러를 사고파는 것을 통해 환율을 통제할 수 있기 때문이다. 달러구매력을 유지하고 근로자의 저축을 보호하기 위해 중앙은행은 통화가치를 낮추기보다는 임금을 삭감하는 정책을 주로 사용한다.

싱가포르는 주식, 채권, 파생상품 등을 24시간 거래함에 따라 미국과 유럽의 거래시간과 일치한다. 금융기관은 보험회사에서 투자은행까지 다양하다.

　대부분의 아시아 국가와 마찬가지로 싱가포르도 교육, 정보 접근성, 소셜 미디어 환경이 확대되면서 생겨난 빠른 사회적 변화를 경험하고 있다. 일부 기업에서는 현대적인 변화를 받아들이고 평등주의적 사고방식을 가진 밀레니얼 세대를 대거 기용하는 반면, 위계적 기업 문화나 정부의 관료주의적 방식을 고집하는 기업도 있다.

관계

싱가포르에서 성공적인 비즈니스를 수행하려면 존중해야 할 문화적 차이와 규범이 있다는 것을 알아야 한다. 특히 아시아에서는 비즈니스적 관계가 오랜 신뢰와 상호존중에 기반해 이루어지므로 시간이 필요하다. 따라서 회의를 시작하는 단계에서 바로 본론으로 들어가는 것은 바람직하지 않다. 다른 아시아인들처럼 싱가포르인들도 거래하는 상대방을 알고 싶어 한다. 시간을 가지고 존경과 신의를 보여주고 단지 관계를 맺기만 하는 것이 아니라 교제를 이어가려는 수고를 아끼지 말아야 한다.

소개

누군가를 만나서 자신을 소개할 때는 먼저 반가움을 표현하는 것이 일반적이다. 사업 이야기가 시작되면 겸손한 태도로 논의해야 하며 실제보다 과장해서 말해서는 안 된다.

싱가포르에서 비즈니스를 시작할 때는 보통 악수를 하는데, 손을 부드럽게 잡고 악수한 채로 잠시 있어야 한다. 또 기업의 민족구성에 따라 차이가 있지만 남성과 악수하지 않는 여성을 볼 수 있는데, 대부분의 국제비즈니스에서 흔한 일은 아니다.

처음 만났을 때 상대방이 하는 행동을 보고 섣부르게 판단하는 것은 금물이며 서로의 문화와 예절이 다름을 존중해야 한다.

가벼운 대화

싱가포르의 발전상, 맛있는 음식, 아름다운 경치, 매력적인 문화 등 싱가포르에 대한 긍정적인 내용은 대화에서 좋은 주제이다. 아는 사람이라 하더라도 본론으로 들어가기 전 5분 정도의 가벼운 대화로 시작하는 것이 바람직하다. 그렇지 않으면 앞으로 펼쳐질 대화의 분위기가 잘못된 방향으로 흘러갈 수도 있다. 피해야 할 주제로는 섹스, 종교, 정치 등과 싱가포르에 대한 비판적인 내용이다.

손

중국인은 홍바오, 명함, 선물 등을 두 손으로 주고받는다. 말레이인과 인도인은 음식, 돈, 선물을 취급하거나 악수 혹은 명함을 건넬 때 왼손을 사용하지 않는다. 하지만 종교나 민족에 상관없이 이제 대다수의 싱가포르인은 정중하고 겸손한 모습을 보이기만 하면 상대방이 어떤 태도를 취하든 불편해하지 않는다.

사람을 손가락으로 가리키지 않도록 조심하고 손바닥을 위로 한 채 오른손 전체를 사용해 상대방에게 손짓하도록 한다.

명함

싱가포르의 비즈니스 환경은 위계적이며 회사에서 개인의 위치를 파악하는 것이 중요하다. 이런 이유로 명함은 매우 중요한 역할을 한다. 중국계 싱가포르인의 명함을 받으면 한쪽 면은 영어로 쓰여 있고 다른 한쪽 면은 중국어로 쓰여 있는 것을 볼 수 있다. 건네받은 명함은 1~2분 정도 들여다보아야 하며, 이렇게 하는 것이 예의 바른 행동일 뿐 아니라 상대방의 직함과 권한을 파악할 수 있기 때문이다.

명함을 건넬 때는 두 손을 사용하고 명함의 내용이 잘 읽히도록 글자가 받는 사람을 향하도록 한다. 건네받은 명함을 뒷주머니에 넣거나 명함에 메모를 해서는 안 된다. 이런 행동은 상대방의 기분을 상하게 한다.

회의

회의를 하기 전에 논의할 내용을 상세히 계획하는 것이 중요하다. 시간 지키기는 필수이며 약속한 시간보다 15분 먼저 도착하는 것도 좋은 전략이다.

　팀원은 다양한 민족 출신일 수 있으니 인사를 할 때 중국인은 악수를 하고 나이가 있는 이슬람교도라면 살람으로 인사할 것을 예상해야 한다. 하지만 대부분의 국제비즈니스에서는 서양식 인사법과 호칭을 사용한다. 회의는 보통 영어로 진행되고 종종 차가 나오기도 하는데, 회의에 나온 차는 마시는 것이 예의이다.

　예의를 갖추고 자신의 의견을 주장한다면 통하기도 하므로 필요하다면 입장을 재차 설명하는 것도 좋은 방법이다. 당연한 이야기이지만 불만을 표시하거나 화를 내서는 결코 원하는 결과를 얻을 수 없다. 공통된 목표를 강조하면서 따뜻하고 우호적인 태도를 보이는 것이 유용한 전략이다. 또 '예'가 항상 '동의합니다'를 뜻하는 것이 아님을 명심해야 한다. 그보다는 '듣고 있습니다'라는 뜻에 더 가깝다. 중국인은 직접적인 말보다 암시하는 간접적인 방식을 사용하는 경향이 있음을 기억하도록 한다.

　회의를 끝낼 때는 논의한 내용, 합의사항, 수행할 업무, 수행 대상 등을 간략히 요약한 후 마친다.

여성 참여

싱가포르의 많은 여성이 상업과 산업 부문의 다양한 직종에 진출해 있으며 고위 경영직을 맡고 있는 여성도 많다. 세계경제포럼은 2017년 싱가포르의 성격차지수를 0.70으로 평가했고 이는 0.701을 받은 미국과도 견줄 만하다. 여성에게 치근대거나 추파를 던지는 듯한 행동을 하면 비즈니스 거래를 완전히 망칠 수 있다. 싱가포르 여성은 수수한 옷차림을 하고 무릎길이의 치마를 입는 것이 일반적이다.

체면

체면을 유지하는 일은 싱가포르의 다른 모든 일과 마찬가지로 세 민족 공동체 모두와 관련이 있다. 체면은 단지 개인의 문제가 아니라 집단 전체의 문제이다. 체면을 잃는 것은 한 사람의 신의와 도덕성을 잃는 일이고 집단 전체에도 큰 타격이 된다. 그 집단이 가족이든 직장동료든 국가든 상관없이 체면을 통해 조화를 유지한다. 누군가에게 창피를 주거나 체면을 깎아내리는 일은 외국인이 저지를 수 있는 가장 중대한 실수이다. 이런 실수를 할 경우 당신은 가볍고 진실하지 못하며 신뢰할 수 없는 사람으로 비추어질 것이다.

무언가에 대해 비판하거나 단호히 반대할 때도 조심해야 한다. 비판할 때는 요령껏 해야 하고 반대할 때는 상대방을 다른 방향으로 부드럽게 유도함이 바람직하다. 싱가포르인들은 배려에 대한 문화적 감수성이 있는 당신을 높이 평가할 것이다.

그 밖에 회사에서 특정 직원만 공개적으로 칭찬하거나 꾸짖는 행동도 피하는 것이 좋다. 격한 감정을 드러내는 것과 마찬가지로 화를 내는 것 역시 체면을 깎아내리는 일로 여겨진다. 싱가포르인들은 감정을 통제하지 못하거나 쉽게 드러내는 사람을 신뢰하지 않는다.

협상

비즈니스 상황에서 거래하는 상대방이 어떻게 생각하는지 알고 있다면 파트너, 고객, 공급사 등과 성공적인 거래를 할 가능성이 커지고 거래도 쉬워질 것이다.

싱가포르인들은 원인과 결과뿐 아니라 관계의 복잡한 연결 관계와 그에 따른 사고유형까지도 생각한다. 서양에서는 대개 문제와 문제에 대한 해결책을 논의하는 것을 좋아하지만, 싱가포르인들은 문제가 조직 내부의 관계에 미치는 이익과 영향 모두에 관심이 있다. 또 싱가포르인들은 문제가 생기면 고민을 함께 나눌 준비가 되어 있고 계약조건과는 상관없이 문제를 함께 해결하기를 기대한다.

계약을 체결하기 위해 당신의 약점을 이용할 수도 있다. 위험을 감수하고 약점을 공개해보도록 하라. 또 성급히 양보해서는 안 되고 당신이 제시하는 타협안의 성격을 강조한다면 그에 상응하는 답을 얻을 수 있을 것이다. 거래를 성사시키기 어려우면 본사나 상부로부터 받는 스트레스에 대해 말해보는 것도 한 방법이다.

팀에 싱가포르인이 있으면 이점이 많다. 이들은 당신이 무심코 지나친 사항의 속뜻을 파악할 뿐 아니라 회의나 그 밖의 여러 상황에서 해결해야 할 중요한 문제를 확인해 합의에 이르게 할 것이다.

의사결정

싱가포르인들은 계약과 관계를 모두 중시하므로 서로 합의에 도달하기까지는 시간이 걸릴 수 있다. 하지만 모든 것이 합의되고 나면 일은 일사천리로 진행된다. 또 결정을 내리기가 어려워 보이면 상대방과 당신에게 이익과 불이익이 될 사항을 구체적으로 정리해 완벽한 거래는 아니지만 공정하다는 점을 보여주는 게 좋다.

계약과 이행

싱가포르는 법치와 안정적인 제도를 기반으로 건립되었기 때문에 아시아의 다른 국가들보다 계약법을 존중한다. 계약을 할 때는 자격증이 있는 현지 변호사를 고용하는 것을 권장한다.

아시아 비즈니스의 특성상 원재료비 상승이나 수요 하락 등의 어려운 문제가 생기면 싱가포르인들은 그 문제를 함께 해결하기를 바란다. 또 계약서의 세부조항을 정확히 따르기보다는 협력하고 융통성을 발휘하기를 기대한다.

팀워크

싱가포르는 집단주의 문화이므로 팀워크와 협업이 매우 강조된다. 젊은 세대에게는 개인주의적 성향이 더 나타나기는 하지만, 싱가포르인들은 극단적인 개인주의와 자기계발보다는 책임을 공유하고 보상을 나누는 것을 더 좋아한다고 할 수 있다.

팀 리더로부터의 복종은 암묵적으로 이루어지며 팀의 일원이 정해진 결정에 대해 불평하는 것은 무례하게 여겨질 수 있다. 조화가 무엇보다 중요하므로 일의 처리속도가 느리고 절차에 따라 진행되는 경향이 있으며 이런 방식이 빠른 의사결정 과정에 익숙한 외국인 관리자에게는 종종 불만스럽게 느껴질 수 있다.

팀 리더는 구성원을 선정하고 분명하고 간결한 지시를 내리며, 기업의 집단주의적 성향을 강조하는 동시에 모든 사람이 각자의 일을 분담하도록 하고 진척상황을 정기적으로 확인할 책임이 있다. 훌륭한 리더는 미소가 만족을 의미하는 게 아니며 동의했다고 반드시 이해하는 건 아니라는 사실을 알 것이다. 체면을 중시함에 따라 형편없는 실적에 대한 이야기는 담

당자를 조용히 따로 불러 말한다. 그 밖에 잘한 일에는 칭찬과 격려를 아끼지 않는다.

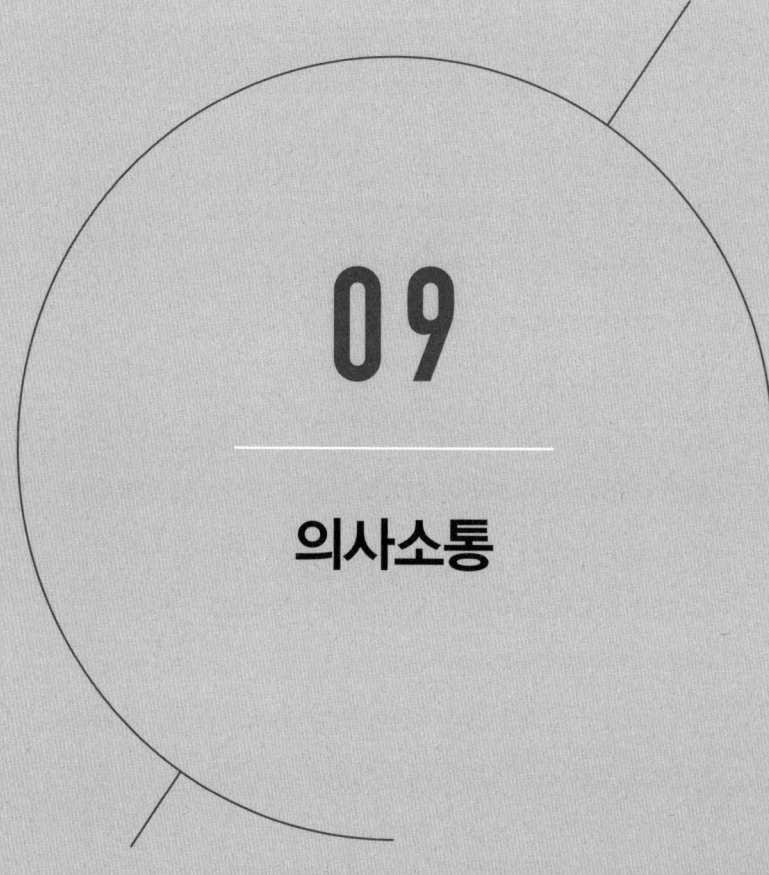

09

의사소통

싱가포르는 조화를 중시하는 사회로, 타인을 곤란하게 하는 일을 피하려 한다. 그래서 직접적인 말보다 비언어적 메시지나 어조를 더 신뢰하는 경향이 있으며 질문에 대답하기 전 잠시 주저하는 것 같은 침묵 역시 의사소통의 중요한 일부로 여겨진다. 잠깐 머뭇거리거나 난처한 듯이 웃으면 '예'가 아니라 '아니요'를 뜻할 수도 있다.

언어

1965년, 여러 언어를 쓰던 싱가포르에서는 공용어를 지정하는 문제를 놓고 수많은 논의가 이루어졌다. 뚜렷이 구별되는 세 민족 공동체로 인해 공용어 지정은 민감한 문제였다. 특히 사소한 문제로 종종 민족적 갈등의 조짐이 나타나기도 했는데, 실제로 이런 갈등이 몇몇 사건으로 표출되기도 했다.

1959년, 자치정부를 이룬 싱가포르는 이 문제를 간단히 해결했다. 말레이시아 연방에 편입할 준비를 하기 위해 말레이어를 공용어로 선포한 것이다. 하지만 1965년 8월 9일 말레이시아 연방에서 축출된 이후 모든 상황이 바뀌었고 싱가포르는 생존을 모색해야 했다. 당시 싱가포르에는 중국의 문화와 사업이 널리 퍼져 있었던 것과 더불어 80% 이상의 인구가 중국어를 쓰고 있었다. 그리고 리콴유가 민족의 분열을 최소화하는 방법은 영어, 표준중국어, 말레이어, 타밀어 이 4개의 언어를

新加坡

공용어로 지정하는 것이었다. 그러면 어떤 민족 공동체도 언어
적 우위를 선점하지 않았다.

하지만 중국 공동체는 말레이어나 타밀어뿐 아니라 영어도
공용어로 도입한 것에 분노했다. 특히 아이들이 학교에서 고유
의 민족어와 함께 영어를 의무적으로 배워야 했기 때문에 이
것을 배신행위로 간주했다. 싱가포르의 한 유력 일간지는 리
콴유와 그의 행정부를 '조상을 잊은 가짜 외국인'으로 묘사하
기도 했다.

오늘날 싱가포르는 인문과학대학, 교육대학, 의과대학 등과
더불어 영어교육의 중심지로서 훌륭한 역사를 자랑한다. 과거
네덜란드령 동인도제도뿐 아니라 말레이반도와 보르네오섬 출

신의 영어를 교육받은 가장 똑똑한 학생들이 싱가포르의 대학교에 다녔고 의사, 교사, 기타 여러 전문가로 훈련받았다. 이후에도 싱가포르에는 영어교육을 반대하는 목소리가 끊이지 않았지만 전 세계적으로 영어의 중요성이 대두되고 중국어를 쓰는 대다수의 부모가 이런 변화를 불가피한 것으로 받아들였다.

하지만 언어 논란은 끝나지 않았다. 호키엔어, 하카어, 하이난어, 혹로어, 혹추어와 비교적 적은 수의 사람이 쓰는 광둥어 등 이번에는 싱가포르에서 쓰이는 여러 중국 방언의 지위에 관한 논란이 이어졌다. 1980년대부터 리콴유는 가정에서 표준중국어 사용을 권장했고 아이들이 학교에서 표준중국어를 완전히 익힐 수 있도록 했다. 그리고 텔레비전과 라디오 프로그램에서 중국 방언으로 방송하는 것은 더 이상 허용되지 않았다. 표준중국어 사용을 장려하기 위해 리콴유는 한 달에 한 번 표준중국어 말하기 날도 도입했다.

처음에는 표준중국어 사용을 장려하는 정책이 이론적으로는 합리적이지만 일상생활에서는 실행하기는 어려운 탁상공론식 행정으로 비추어졌다. 하지만 표준중국어를 쓰는 중국의 개방으로 인해 이런 태도에 빠른 변화가 찾아왔다. 곧 전문직이든 기술직이든 직장에서 영어와 함께 표준중국어를 구사할

줄 아는 사람이 더 좋은 대우를 받았다. 또 1997년, 홍콩이 중국에 반환되면서 중국 정부의 공식 언어인 표준중국어의 중요성이 더욱 강조되었다.

싱글리시

싱가포르인들은 싱글리시로 알려진 고유의 영어 말하기 방식을 발전시켰다. 싱글리시는 싱가포르의 다문화주의를 독특한 방식으로 구현하고 있다. 다양한 방언이 섞여 있는 싱글리시는 중국어 구문을 상당히 많이 따르면서 영어의 문법규칙을 무시한다. 예를 들어 "Today damn hot ah. On fan can(오늘 정말 덥네요. 선풍기 틀 수 있어요)?" 혹은 "How come I ask you call me yesterday, why you no call one(어제 전화해 달라고 했는데, 왜 전화 안 했어요)?" 같은 말이다. 싱글리시는 싱가포르 독립 50주년을 기념하는 2015년 싱가포르 문화유산의 하나로 인정받았다.

싱가포르인들이 말하는 영어가 언짢게 느껴진다면 대다수의 싱가포르인에게 영어가 모국어가 아니라는 점을 기억해야 한다. 중국어로는 더할 나위 없이 정중한 표현을 영어로 그대로 옮기면 퉁명스럽고 무례하게 들릴 수 있다. 예를 들어 영어로 "Would you like a cup of tea(차 한 잔 드시겠어요?)"라고 표현한다면 싱가포르에서 이 말은 "You want to drink tea or not(차 마실래요, 안 마실래요)?"이 된다.

또한 영어와 다르게 중국어와 말레이어에는 시제 변화가 없고 시간부사나 부사구를 사용해 과거나 미래를 나타낸다. 이런 표현을 영어로 직역하면 외국인에게는 교양 없는 말처럼 들린다. 다음과 같은 표현이 한 예이다. "I see that movie already with my friend(나는 친구하고 이미 그 영화를 봤다)."

중요한 점은 문화적 차이를 이해하고 상대방을 무례하다고 생각하지 않는 것이다. 모호함에 관대해지는 법을 배우고 어느 정도의 불만은 받아들이는 것이 바람직하다.

• 싱글리시 표현 •

Kopi 말레이어, 영어의 'coffee(커피)'를 뜻한다.

Havoc 영어의 'wild(제멋대로 구는)' 혹은 'uncontrollable(통제할 수 없는)'을 뜻한다.

Kayu 말레이어, 영어의 'dumb(멍청한)' 혹은 'stupid(바보 같은)'를 뜻한다.

Lah 말레이어 접두사, 무언가를 강조할 때 쓰인다.

Maama 타밀어, '아저씨'를 뜻한다.

Waah! 흥분이나 놀람을 나타내는 감탄사이다.

Shiok 말레이어, 영어의 'great(대단한)' 혹은 'fantastic(환상적인)'을 뜻한다.

Can 가능 여부를 나타내며 어조에 따라 뜻이 크게 변한다.

Chop 푸드코트 등에서 자리를 맡기 위해 한 뭉치의 휴지를 놓아두는 것을 가리킨다.

Blur 타인의 말을 재빨리 이해하지 못하는 것을 가리킨다.

Angmoh 깨끗한 피부를 가진 백인을 가리키는 단어로, 한때는 비하하는 의미가 있었다.

Aiyah 보통 조바심이나 실망을 나타낼 때 쓰인다.

보디랭귀지

싱가포르는 조화를 중시하는 사회로, 타인을 곤란하게 하는 일을 피하려 한다는 것을 명심해야 한다. '체면 유지'가 중요한 이유가 바로 이 때문이다. 체면은 한 개인의 품위, 즉 좋은 평판과 훌륭한 성품을 갖는 것과 관련된 문제로 가족과 기업, 심지어 국가까지 확장되어 영향을 미칠 수 있다. 따라서 싱가포르인들은 말보다 비언어적 메시지나 어조를 더 신뢰하는 경향이 있다. 또 질문에 대답하기 전 잠시 주저하는 것 같은 침묵 역시 의사소통의 중요한 일부로 여겨진다.

앞서 이 책의 8장에서 '예'가 항상 '동의합니다'를 뜻하지 않는 것에 대해 언급했다. 잠깐 머뭇거리거나, 난처한 듯이 웃거나, 치아 사이로 숨을 들이마시면 '예'가 아니라 '아니요'를 뜻한다. 인도 공동체의 '예'와 '아니요' 대답은 또 다른 뜻이 있다. 인도인은 긍정적인 답변을 할 때 머리를 흔드는데, 외국인은 이것을 '아니요'로 오해할 수 있다.

싱가포르에서는 코를 푸는 행위를 혐오스럽게 생각한다. 감기에 걸려 코를 풀어야 한다면 함께 있는 동료에게 양해를 구하고 화장실에 가서 풀면 된다.

손가락으로 사람을 가리키는 것은 무례한 행동이며 마찬가지로 발도 조심해야 한다. 발로 사람이나 타인의 소지품을 밟거나 건드리는 행위는 예의가 없는 것으로 간주된다.

유머

싱가포르인이 '당신 회사에는 열심히 일하는 사람이 많습니까?'라고 물어 당신이 '거의 없죠'라고 대답한다면 싱가포르인은 그 회사의 직원들은 게으르고 회사가 파산 직전이라고 생각할 것이다. 이 대답을 웃으면서 한다고 해도 이 웃음을 당신 회사의 형편없는 직업의식에 대해 창피해하는 것으로 해석할 것이다. 특히 자기비하적 농담을 이해하는 사람은 거의 없으며 공개적으로 타인에게 자신의 약점을 쉽게 드러내지 않는다.

이 이야기는 물론 싱가포르인들이 유머감각이 부족하다는 말은 아니다. 이들은 슬랩스틱 코미디를 더 재미있어 하는 경향이 있다.

언론

싱가포르의 주요 언론사에는 싱가포르 프레스 홀딩스와 미디어코프가 있다. 이 두 언론사는 신문과 잡지를 발행하고 텔레비전 방송을 한다. 싱가포르 정보통신예술부 MICA는 인종적, 종교적 혐오를 부추기거나 정부에 매우 비판적인 미디어 콘텐츠를 규제하는 정부 규제기관이다.

【 신문과 잡지 】

신문은 4개의 공용어로 모두 발간되며 영문 일간지에는 〈스트레이트 타임스 Straits Times〉와 〈비즈니스 타임스 Business Times〉가 있다. 오후에는 타블로이드지인 〈뉴 페이퍼 New Paper〉가 나온다.

〈스트레이트 타임스〉는 싱가포르에서 가장 많은 판매부수를 자랑하고 가장 오래된 신문으로, 싱가포르 현지와 국제뉴스를 폭넓게 다룬다. 〈비즈니스 타임스〉는 상업과 금융 관련 이슈를 보도하며 타블로이드지인 〈뉴 페이퍼〉는 현지 소식을 주로 전한다.

모든 신문은 주요 이슈에 대한 정부의 입장에 민감하며 논쟁적이지 않다. 외신과 잡지도 신문가판대에 잘 갖추어져 있지만 싱가포르 정부나 싱가포르의 민감한 사안에 거슬리는 내용이 있으면 금방 사라져 버린다. 광택이 나는 표지의 〈보그 싱가포르 Vogue Singapore〉, 〈싱가포르 태틀러 Singapore Tatler〉 등의 현지 잡지에서 싱가포르 특권층의 생활상을 엿볼 수 있다.

【 텔레비전과 라디오 】

미디어코프는 4개의 공용어로 모두 방송하며 케이블 채널에서 미국 프로그램도 시청할 수 있다.

FM 라디오 채널 중 미디어코프 채널의 청취율이 가장 높다. 영어 채널 중에는 '클래스 95.0'이 가장 인기 있다. 또 뉴스와 음악을 제공하는 '골드 905'가 있고 '938 나우', '클래스 95', '클래스 987'에서는 16시간 동안 뉴스를 방송한다.

통신

싱가포르에는 대표적인 2개의 통신사가 있다. 싱텔과 스타허브이다. 싱가포르의 국가번호는 65이다. 현지 통화료는 매우 저렴하며 거의 모든 싱가포르인이 휴대전화를 가지고 있다. 싱가포르에 체류하는 동안 휴대전화를 사용하려면 편의점이나 공항에서 유심칩을 구입하면 된다.

인터넷

싱가포르에서는 인터넷 접속이 쉽다. 싱텔, 스타허브, M1이 주요 인터넷 서비스 공급업체이며 싱텔과 스타허브는 광케이블을 완전히 구축했다. 또 무료 공공와이파이가 광범위하게 제공되며 쇼핑센터, 미술관, MRT역, 카페 등 여러 장소에서 이용할 수 있다. 싱가포르에 체류하는 동안 포켓 와이파이를 이용하는 것도 좋은 방법이다. 창이국제공항에서 대여해 이용한 후 싱가포르를 떠날 때 반납하면 된다.

우편

서신은 보통 싱가포르 전역에 위치한 우체국 네트워크를 통해 배달된다. 요금, 배달시간, 기타 서비스에 대한 정보는 우리나

라 우체국과 같은 싱포스트 웹사이트인 www.singpost.com
에서 찾아볼 수 있다. 휴대전화 앱도 이용할 수 있다.

싱포스트는 셀프서비스 자동화 기계 같은 독특한 서비스
도 제공한다. 이런 서비스는 싱가포르 전역에 퍼져 있다. 언제
든 여기에서 우편물의 무게를 재고 보낼 수 있으며 벌금, 전화
요금, 공과금 등도 납부하고 우표를 살 수도 있다.

속달 서비스와 택배회사는 싱가포르 국내와 해외배송 서비
스를 제공한다. 주요 배송업체로는 DHL, Fedex, UPS, OCS,
TNT 등이 있다.

결론

영국의 소설가 E. M. 포스터는 당신이 해외에서 처음 만나는
사람은 자기 자신이라는 유명한 말을 했다. 우리는 자신에게
익숙한 문화의 경계를 벗어나면 생각에 변화가 찾아오고, 낯
선 환경에 직면해 예기치 않은 방식으로 행동하고 생각하는
자신을 보며 깜짝 놀라게 된다. 해외여행이 흥분되는 이유가
바로 여기에 있다. 이 책에서 소개하는 싱가포르에서 해도 되

는 행동과 하면 안 되는 행동이 다소 벅차게 느껴진다면 안심해도 좋다. 싱가포르인들은 당신이 싱가포르의 관습에 익숙하지 않다는 사실을 잘 알고 있다. 하지만 자신들의 문화를 알고자 애쓰는 당신의 모습을 보면 크게 기뻐할 것이다. 이 책은 다채로운 싱가포르 사회를 좀 더 깊이 이해하도록 도와줄 것이다.

참고문헌

Bracken, Gregory Byrne. *Singapore-a walking tour*. Singapore: Marshall Cavendish, 2009.

Braddon, Russell. *The Naked Island*. Edinburgh: Birlinn Ltd, 2002.

Clavell, James. *King Rat*. New York: Dell, 1986.

George, Cheria. *The Air-conditioned Nation*. Singapore: Landmark Books, 2000.

Keay, John. *The Honourable Company: A History of the English East India Company*. London: HarperCollins, 1991.

Lee Kuan Yew. *From Third World to First-The Singapore Story 1965-2000*. New York: HarperCollins, 2000.

Lewis, Mark. *The Rough Guide to Singapore*. New York: Rough Guides, 2016.

Lim, Suchen Christine. *Fistful of Colours*. Singapore: EPB Publishers, 1993.

Seagrave, Sterling. *Lords of the Rim-The Invisible Empire of the Overseas Chinese*. New York: Putnam Publishing, 2000.

SarDesai, D. R. *Southeast Asia-Past & Present*. Colorado: Westview Press, 2003.

Talking Cock.com. *The Coxford Singlish Dictionary*. Singapore: Angsana Books, 2002.

Tan, Cheryl Lu-Lien. *Singapore Noir*. New York: Akashic Books, 2014.

Tan, Kok Seng. *Son of Singapore-Autobiography of a Coolie*. Singapore: Heinemann Asia, 1989.

Wibisono, Djoko. *The Food of Singapore-Simple Street Recipes from the Lion City*. Singapore: Periplus Editions, 2015.

Wise, Michael. *Travellers' Tales of Old Singapore*. Connecticut: Weatherhill, 1996.

지은이

앤절라 밀리건

앤절라 밀리건은 영국의 이스트앵글리아대학교에서 역사를 전공했고 영국왕립예술협회의 회원이다. 유럽과 북미 출신의 사람에게 외국생활을 안내하고 외국생활에서 중요한 문화적 인식을 높이는 교육을 하고 있다. 동아시아, 호주, 벨기에, 아르헨티나에서 일했고 싱가포르에서 글로벌 기업에 자문을 제공하고 있다. 저서로는 영국에 처음 방문한 외국인을 위한 실용안내서 『How to Survive in Style』과 『Customs and Etiquette of Australia』가 있다.

트리시아 부트

트리시아 부트는 영국의 더럼대학교에서 인류학을 전공했고 런던 킹스칼리지에서 종교철학 석사학위를 받았다. 세계 각지에서 철학을 가르치며 철학교과서를 집필했고 〈타임스〉를 비롯한 여러 매체에 문화와 종교 관련 글을 기고했다. 5년 동안 싱가포르에 살며 탕린트러스트 국제학교에서 종교와 철학을 가르쳤다. 현지 학교에서 교사연수과정에 참여했으며 사회와 종교 분야에 걸쳐 다양한 인맥이 있다.

옮긴이

조유미

한국외국어대학교 통번역대학원에서 번역을 공부했고 다년간 연구소와 기업체에서 번역업무를 담당했다. 현재 번역 에이전시 엔터스코리아에서 출판 기획자 및 전문 번역가로 활동하고 있다.

세계 문화 여행 시리즈

세계의 풍습과 문화가 궁금한 이들을 위한 필수 안내서